14

Abnormal Psychology

불면증

서수균 지음

_ 잠 못 이루는 밤의 불청객

'이상심리학 시리즈'를 내며

21세기를 살아가는 우리는 급격한 변화와 치열한 경쟁으로 이루어진 현대사회에 적응해야 하는 커다란 심리적 부담을 안고 있다. 이러한 현실 속에서 현대인은 여러 가지 심리적 문제와 장애에 직면하게 될 가능성이 높다.

정신건강에 대한 사회적 관심이 증대되면서, 이상심리나 정신장애에 대해서 좀 더 정확하고 체계적인 지식을 접하고자 하는 사람들이 늘어나고 있다. 그러나 막상 전문서적을 접하게 되면, 난해한 용어와 복잡한 체계로 인해 쉽게 이해하기 어려운 것이 현실이다.

이번에 기획한 '이상심리학 시리즈'는 그동안 소수의 전문가에 의해 독점되다시피 한 이상심리학에 대한 지식을 일반 독자들에게 소개하기 위한 것이다. 이를 위해서 다양한 정신장애에 대한 최신의 연구 내용을 가능한 한 쉽게 풀어서 소개하려고 노력하였다.

'이상심리학 시리즈'는 서울대학교 심리학과 임상 · 상담 심리학 교실의 구성원이 주축이 되어 지난 2년간 기울인 노력의 결실이다. 그동안 까다로운 편집 지침에 따라 집필에 전념해준 집필자 모두에게 감사드린다. 아울러 어려운 출판 여건에도 불구하고 출간을 지원해주신 학지사 김진환 사장님과 한 권 한 권마다 좋은 책이 될 수 있도록 성심성의껏 편집을 해주신 편집부 여러분에게 고마움을 표한다.

인간의 마음은 오묘하여 때로는 "아는 게 병"이 될 수 있다. 그러나 이러한 우려보다는 "아는 게 힘"이 되어 보다 성숙하고 자유로운 삶을 이루어나갈 수 있는 독자 여러분의 지혜로움을 믿으면서, '이상심리학 시리즈'를 세상에 내놓는다.

2000년 4월
서울대학교 심리학과 교수
원호택, 권석만

2판 머리말

"밤새도록 깊이 못 자 피곤함이 느껴진다. 몸은 쉬고 있는 데 정신은 쉴 수가 없었다. 다른 사람이 볼 때는 도저히 이해가 가지 않는 것도 당연하다. 부모님조차도 나의 고통을 헤아려줄 수가 없기 때문에 더욱 고통스러웠다."

불면증은 심하면 다른 사람은 물론이고 자신도 이해할 수 없을 정도로 개인의 생활을 집요하게 황폐화시킬 수 있다. 처음에는 불면증을 누구나 일시적으로 겪는 일상적인 일로 취급하다가, 나중에는 잠만 제대로 잘 수 있다면 만사가 다 잘 될 것이라고 생각할 정도로 불면증이 내 인생의 모든 행복을 앗아간 장본인처럼 여기게 된다.

이 책에서는 불면증에 대한 이러한 고민을 덜어주고, 아울러서 불면증을 극복하기 위하여 실제로 무엇을 할 수 있는지에 대한 지침을 제공하고자 한다. 불면증에 대한 이해를 돕기 위해서 불면증의 다양한 양상과 종류, 불면증의 원인과 그 기

제에 대한 심리학적인 이해들을 소개하는 데 주안점을 두었
다. 또한 불면증을 구체적으로 어떻게 치료해나갈 것인가에
대해서 상세히 설명하고 있다. 불면증 외에도 수면-각성 장애
에 관심 있는 분들을 위해서 수면-각성 장애에 대한 개략적인
소개를 끝에 덧붙였다.

오랫동안 불면증에 시달리며 그 정체에 대해서 두려움과
무력감만 쌓아온 분들에게 이 책이 조금이나마 실제적인 도움
이 되길 바라는 마음에서 가능한 한 쉽고 비전문적인 용어로
원고를 집필하려고 최선을 다하였다.

유난히 아름다웠던 지난 가을, 관악산 단풍의 성찬을 뒤로
한 채 연구실에서 원고를 집필한 것이 지금 생각하면 또 다른
성찬을 위한 준비로 여겨진다. 필자에게 이러한 기회를 주고
조언을 아끼지 않은 권석만 선생님과 원호택 선생님께 진심으
로 감사드리며, 원고를 성실히 교정해주고 격려를 아끼지 않
은 윤희에게도 감사의 마음을 두고두고 전하고 싶다.

2016년
서수균

차례

1 불면증이란 무엇인가 ─ 11

불면증이란
무엇인가

1

1. 불면증과 수면

살아가면서 누구나 불면의 밤을 보내는 때가 있다. 자신이 그리던 사랑하는 반쪽을 만났을 때 그 설렘에 겨워서 잠을 설치기도 하고, 다음날 있을 시험이나 발표에 대한 압박감으로 잠을 청하기 어려울 수도 있다. 이는 모두 잠을 이루지 못한다는 공통점이 있다. 전자는 비록 잠을 제대로 못 잤지만 애인과 만나 사랑을 나눌 내일에 대한 행복한 상상으로 마냥 즐거워하며 밤을 보내느라 전혀 고통스럽게 느끼지 않을 것이다. 이에 비해 후자는 걱정과 불안감 속에서 정신적으로나 신체적으로 매우 불쾌하고 힘든 밤을 보낼 것이다.

잠을 이루지 못하는 이 같은 밤이 어쩌다 한 번 있는 것이 아니라 지속적이라면 이들에게는 잠을 편하고 개운하게 자지 못하는 것이 심각한 스트레스일 수밖에 없다. 한 주에 반 이상을 제대로 못 자서 다음날 기분이나 몸 상태가 정상이 아니고 그래서 실제 생활에도 심각한 지장이 초래되고 있다면, 도움이 필요한 불면증을 앓고 있지 않나 의심해봐야 한다.

1) 불면증의 양상

(1) 급성(단기)불면증과 만성불면증

대략 성인의 30~40% 정도가 불면증 증상을 경험하며, 이들 중 10~15%는 3개월 이상 지속되는 만성적인 불면증을 보인다. 불면증 증상이 3개월 이상 지속되지 않으면 급성 혹은 단기불면증이라 하며, 3개월 이상 지속되면 만성불면증이라고 한다. 전형적인 만성불면증은 6개월 이상 지속되는 경우가 많다.

국제수면장애분류International Classification of Sleep Disorders-3: ICSD-3와 미국정신의학회에서 발간한 『정신장애의 진단 및 통계 편람-제5판DSM-5』에서는 잠을 잘 수 있는 충분한 시간과 기회가 있었음에도 수면의 어려움이 한 주에 최소 3일혹은 3회 이상 있고 이 상태가 최소 3개월 이상 지속되어야 불면장애 insomnia disorder, 혹은 만성적인 불면장애라고 본다. 단기불면증의 경우는 대개 불면을 초래하는 촉발 사건이 있다. 한 여름에 열대야 현상으로 밤잠을 설치는 경우가 이에 해당하고, 시험을 앞두고 불안감과 초조감으로 잠을 이루지 못하는 경우도 마찬가지다. 모두 스트레스 사건만 없어지면 언제 잠을 설쳤냐는 듯이 자연스럽게 다시 정상적으로 수면을 취할 수 있다.

단기불면증은 주로 심각한 생활상의 스트레스, 급성질환, 갑작스러운 주변 환경의 변화특히 소음, 불빛, 온도와 관련된 정서적 혹은 신체적 불편감 등으로 인해 일어난다. 따라서 이를 해결하는 방법 또한 분명하고 구체적이어서 비교적 쉽게 불면증을 극복할 수 있다. 그리고 대개는 본인이 그 원인을 분명히 알고 있기 때문에 굳이 관련 전문가를 찾아가 적극적으로 도움을 구하지 않는다.

단기불면증이든 만성적인 불면증이든 모두 당사자는 수면의 양이나 질에 대한 불만을 많이 호소하고, 일상적인 기능에 심각한 어려움을 경험하게 된다. 직장인이라면 직장에서 요구하는 업무를 제대로 처리하기 힘들고, 학생이라면 학업 수행 수준이 현격히 저하되어 성적이 급격히 하락할 수 있다. 즉, 불면증으로 인해 사회적·직업적·교육적·학업적·행동적 영역에서 심각한 손상을 초래할 수 있다.

불면장애로 진단되기 위해서는 다른 정신장애나 의학적 문제로는 불면증이 잘 설명되지 않아야 하며, 다른 수면-각성 장애로도 쉽게 설명되지 않아야 한다. 물론 불면 증상이 약물의 생리학적인 효과로 인한 것도 아니어야 한다. 불면증이 있는 사람은 다른 정신장애나 의학적인 문제들을 흔히 보일 수 있으며 불면증은 그런 질환이나 문제들로 인한 것일 수 있다.

DSM-5에서는 불면장애를 약물사용 장애를 비롯해서 다른 정신질환을 함께 보이는 경우, 다른 의학적인 문제를 함께 보이는 경우, 기타 수면장애를 함께 보이는 경우 등으로 세분하고 있다. 불면증의 지속 기간이나 빈도에 따라서는, 불면 증상이 최소 한 달 이상에서 석 달 미만으로 지속되는 경우를 일시성episodic 불면증으로, 석 달 이상 지속되는 경우를 지속성persistent 불면증으로, 1년 동안 두 번 이상 불면증 에피소드를 경험할 경우를 반복성recurrent 불면증으로 세분하고 있다.

(2) 불면증의 세 유형

불면증의 양상에 따라서 유형을 구분해보면 크게 잠들기가 어려운 유형sleep onset insomnia, initial insomnia, 수면 중에 자주 깨서 지속적으로 잠을 자기 어려운 유형sleep maintenance insomnia, middle insomnia, 마지막으로 아침에 너무 일찍 깨는 유형late insomnia의 3가지로 나뉜다. 잠드는 데 걸리는 시간은 일반적으로 정상인은 10~15분이 걸리며, 충분히 쉰 사람들은 대개 20분 안에는 잠들지 않는다고 한다. 수면부족이 있는 사람은 대개는 10분 이내에 잠이 들고, 잠을 심하게 빼앗긴 사람은 5분 이내에 잠든다고 한다. 이와 달리 잠을 자기 위해서 자리에 누웠는데도 잠이 안 와서 30분 이상을 계속 뒤척인다면 잠들기 어려운 불면증의 양상을 보인다고 할 수 있다. 이를 '수면시작 불면증'이라고 부른다. 또한 자는 도중에 자꾸 깨는 시간이 하룻밤에 모두 합쳐서 30분 이상이면 '수면유지 불면증'이라고 한다. 이러한 3가지 불면증 양상은 서로 배타적이지는 않으며 2개 이상이 함께 올 수도 있지만, 대개는 한 가지 양상의 불면증이 두드러진다. 시간이 흐르면서 호소하는 불면증 양상이 달라지기도 한다. 수면시작 불면증을 보였던 사람이 나중에는 수면유지 불면증을 호소하기도 하며 그 반대의 경우일 수도 있다.

(3) 유병률

성인의 3분의 1 정도가 불면 증상을 호소하는데, 그중에서 10~15%는 낮 동안의 생활에 지장을 받기도 한다. 불면 증상을 호소하는 사람들 중에서 불면장애로 진단될 정도로 심각한 사람은 6~10% 정도다. 불면증이 하나의 증상이거나 독립적인 장애일 수도 있는데, 많은 경우 불면증은 다른 의학적 문제나 정신장애와 함께 나타난다. 불면증을 앓고 있는 사람의 40~50%가 다른 정신장애를 함께 보인다는 보고도 있다.

불면증 호소는 나이, 성별, 직업 및 사회경제적 지위 등과 같은 몇 가지 인구학적인 변인과 관련이 있다. 젊은 사람일수

록 수면시작 불면증을 호소하는 경우가 많고, 중년 이후로 넘
어갈수록 수면을 유지하는 데 더 어려움을 보이며 아침에 일

 불면장애 진단기준 (DSM-5; APA, 2013)

1. 다음의 증상들 중 한 가지(혹은 그 이상)로 인해 수면의 양
   이나 질에 대해 불만을 많이 호소한다.
   가. 쉽게 잠들지 못한다.
   나. 자는 중에 자주 깨거나 깨어서는 다시 잠들지 못하는
       문제를 보이는 등, 수면을 지속하는 것이 어렵다.
   다. 너무 일찍 깨서 다시 잠들지 못한다.
2. 수면장애가 사회적, 직업적, 교육적, 학문적 혹은 학교생활
   이나 다른 중요한 기능 영역에서 심각한 손상을 초래하거나
   임상적으로 심각한 고통을 일으킨다.
3. 한 주에 적어도 3일은 수면에 어려움을 겪는다.
4. 적어도 3개월 이상 수면에 어려움을 보인다.
5. 수면을 위한 적절한 조건이 제공되었음에도 수면에 어려움
   을 보인다.
6. 불면증이 다른 수면-각성 장애로는 잘 설명되지 않으며, 다
   른 수면-각성 장애(예: 수면발작증, 호흡관련 수면장애, 수
   면이상증) 동안에만 일어나는 것은 아니다.
7. 불면증이 약물(예: 약물남용, 처방된 약물)의 생리적 효과로
   인한 것이 아니다.
8. 공존하는 정신장애와 의학적 상태가 불면증에 대한 심각한
   호소를 적절히 설명하지 못한다.

만성적 불면장애 진단기준 (ICSD-3)

1. 환자는 수면에 대한 걱정이나 불만을 다음의 것들 중 하나 이상 호소한다.

   가. 쉽게 잠들지 못한다.

   나. 수면 유지에 어려움이 있다.

   다. 기대보다 일찍 깬다.

   라. 적절한 시간에 자러 가는 것을 싫어한다.

   마. 부모나 보모가 없으면 잠들기가 어렵다.

2. 환자는 밤 시간의 수면 어려움과 관련해서 다음의 것들 중 하나 이상을 호소한다.

   : 피곤, 기분장애, 대인관계 문제, 감소된 인지기능, 감소된 수행, 낮 시간의 졸림, 행동문제들(예: 과잉행동, 충동성, 공격성), 감소된 동기나 의욕, 잦은 실수나 사고.

3. 수면장애와 그와 관련된 낮 시간의 증상들을 적어도 한 주에 3일 이상 보인다.

4. 수면장애와 그와 관련된 낮 시간의 증상들을 적어도 3개월 이상 보인다.

5. 호소하는 증상이나 어려움들이 수면을 위한 부적절한 기회나 부적절한 조건들로 완전히 설명되지 않는다(즉, 수면을 위한 충분한 시간이 주어졌고, 안전하고 깜깜하며 조용하고 안락한 환경 속에 있었음).

6. 불면증 증상이나 어려움이 다른 주요 수면장애로는 잘 설명되지 않는다.

찍 깬다. 노년층으로 갈수록 불면증 유병률이 증가하는데, 이
는 쇠퇴해가는 건강 상태와도 밀접히 관련된다. 여자가 남자
보다 불면증에 대한 호소가 더 많은데 그 남녀 비율은 1.5:1 정
도 된다. 주부, 실업자, 과부나 홀아비, 독신자 사이에서 불면
증이 더 많으며, 교육수준이 낮고 사회경제적 지위가 낮을수
록 불면증을 많이 호소하는 것으로 보고되고 있다.

2) 정상수면과 수면효율성

아기는 신생아 때는 자는 시간이 20~22시간 정도이지만,
눈을 뜨고 있는 시간이 점점 길어지면서 생후 6개월 무렵에는
하루에 12~17시간 정도 잔다. 이후 나이가 들면서 수면시간
이 점점 줄어들어 성인이 되면 7~8시간 정도 잔다. 하지만
어느 정도 자는 것이 가장 이상적인가에 대한 물음에는 개인
차가 있다. 어떤 사람은 하루에 4시간을 자도 다음날 일하는
데 전혀 지장이 없는 반면에, 어떤 사람은 9~10시간은 자야
한다. 아직 이상적으로 필요한 수면량에 대한 과학적인 기준
은 없다. 다만 자신의 체중, 신장 및 그 밖의 신체적 특성이나
그날의 몸 상태에 따라서 개인이 필요로 하는 수면시간이 각
각 다르다는 것은 분명하다.

역사적으로 볼 때 적은 수면시간을 유지하면서 왕성한 활

동을 한 위인들을 찾아볼 수 있다. 나폴레옹은 3~4시간밖에 자지 않으면서도 세계 정복의 야망을 실천해나갔으며, 에디슨은 하루에 4시간만 자고도 수많은 발명품을 인류에게 남겨 놓았다. 에디슨은 "나는 24시간 중에서 4~5시간 이상의 잠이 필요하다고 느낀 적이 한 번도 없었다. … 대부분의 사람은 필요한 것보다 2배나 더 많이 잔다"고 말하면서 과다하게 자는 동시대인들의 생활습관을 안타까워했다. 이를 그냥 보고만 있을 수 없었는지, 그는 백열등을 발명해서 노동시간을 밤까지 연장시켜 사람들의 수면시간을 앗아갔다. 잠 예찬론자의 입장에서 본다면 에디슨은 원망스러운 인물이다. 백열등의 발명으로 인해서 밤에 일을 안 하고 잠을 취할 수 있는 구실을 잃어버렸기 때문이다. 어쨌든 에디슨은 하루에 4시간 이상을 자지 않으면서도 84세까지 건강하게 살았으며, 편리에 대한 인류의 욕구를 누구보다도 잘 충족시켜준 위인임에 틀림없다.

그렇다면 나폴레옹이나 에디슨과 같은 사람이 4시간 정도를 잤다고 해서 여러분도 그 정도만 자고 낮 동안에 잘 기능할 수 있을 것인가 하면, 반드시 그렇지는 않다. 앞에서 언급한 것처럼, 개인마다 낮 동안에 잘 기능하고 쉬었다고 느끼기 위해서 요구되는 수면시간에는 차이가 많다. 정상 성인의 2/3가 7~8.5시간 잠을 자지만, 짧게 자는 사람은 4~5시간을 자고

도 아무 불편 없이 잘 살고 있으며, 길게 자는 사람은 9~10시
간을 자고도 잠이 부족하다고 투덜댄다. 이와 같이 사람마다
낮 동안에 적절히 기능하기 위해서 필요로 하는 수면시간이
다르기 때문에 개인이 취한 총 수면시간만으로 불면증의 심각
성을 나타내기는 어렵다.

또한 수면시간은 생활습관에 따라서 단축될 수 있다. 생활
환경이 바뀌면서 7시간 자던 사람이 5시간으로 수면이 단축
될 수도 있다. 물론 바뀐 환경에 적응하는 기간이 몇 달 걸리
겠지만, 적응하고 나면 그다음부터는 아무런 불편 없이 잘 생
활하는 모습을 주위에서 흔히 볼 수 있다.

이렇듯 수면의 길이는 다분히 신축성이 있고 습관을 들일
수 있는 여지가 많은 부분이기 때문에 수면량은 불면증의 기
준이 되기 어렵다. 잠의 양이 줄어든 대신에 잠의 질이 더 좋
아져서 깊이 잔다면 아무런 이상이 없다. 하지만 잠의 질은 나
아지지 않은 채 양만 줄어든다면 줄어든 수면시간은 심각한
지장을 초래한다. 이처럼 수면의 절대적 양보다는 수면의 질
이 우리의 정신적 및 신체적 건강에 훨씬 중요하다.

수면전문가들은 수면의 질을 평가하는 중요한 기준으로
'수면효율성'이라는 용어를 쓰고 있다. 수면효율성이란 자려
고 자리에 누워 있는 시간 중에서 실제로 잠을 잔 시간의 비율
이다.

예를 들어, 어떤 사람이 밤 10시에 자려고 자리에 누웠는데 잠이 안 와서 계속 뒤척이다가 새벽 1시경에야 겨우 잠이 들었다고 하자. 그는 자는 중에도 두 번이나 깼는데, 한 번은 10분 뒤에 잠들었고 두 번째는 25분 뒤에야 겨우 잠이 들었다. 그는 아침 6시에 눈을 떴지만 몹시 피곤하고 기분도 개운치 않아서 계속 이불 속에 누워 있다가 7시가 되어서야 겨우 자리에서 일어날 수 있었다.

이 사람의 수면효율성을 계산하기 전에 먼저 수면시작 불면증, 수면유지 불면증, 아침에 일찍 깨는 불면증에 입각해서 각각의 시간을 계산해보면 다음과 같다.

우선 잠들기까지 자리에 누워 있었던 시간은 밤 10시에서 새벽 1시까지에 해당하는 3시간이다. 잠들기 불면증의 기준인 30분을 훨씬 초과하기 때문에 이 사람은 당연히 잠들기 불면증에 해당한다. 수면 중에 깬 시간은, 두 번에 걸쳐서 깼다가 다시 잠드는 데까지 걸린 10분과 25분을 합쳐서 35분이 되며, 이는 기준인 30분을 넘는 것으로 수면유지에도 문제가 있다.

아침에 일찍 깨는 것에 대해서는 일정한 기준이 없다. 어떤 사람은 6.5시간을 자지 않고 깨는 것이라고 하는데, 이는 개인차를 무시한 것이기 때문에 보편적으로 받아들이기 어렵다. 다만 개인의 일상적인 일과의 시작시간이 하나의 기준이 될

수는 있다. 수면효율성을 계산하기 위해서는 먼저 개인의 총
수면시간과 잠자리에 누워 있던 총 시간을 계산해야 한다.

앞에서 예를 든 사람의 경우, 총 수면시간은 잠이 든 새벽
1시와 아침에 눈을 뜬 6시까지의 시간인 5시간에서 밤중에 깬
시간인 35분을 뺀 4시간 25분이고, 잠자리에 누워 있던 시간
은 밤 10시에서 아침 7시까지 총 9시간이므로 수면효율성은
49%이다.

$$(4시간\ 25분 \div 9시간) \times 100 = 49(\%)$$

* 시간 단위를 십진법으로 환산하여 계산함. $(4.41 \div 9) \times 100$.

일반적으로 85%가 안 되면 수면효율성이 나쁜 것으로 보는
데, 이 사람은 수면효율성이 아주 나쁜 불면증 환자로, 잠들기
에 어려움이 있을 뿐만 아니라 지속적으로 자는 데도 지장이
있다.

3) 수면부족의 영향

며칠 밤을 못 잔 다음날 운동을 해보면 자신의 행동에 기민
성과 집중력이 현저히 떨어지는 것을 쉽게 느낄 수 있다. 또
친구가 재미있는 농담을 해도 평소보다 즐겁지가 않고, 친한

친구를 만나도 흥이 안 나며, 예전 같으면 샘솟던 참신한 착상들도 딱 멈춰버려 마치 머리가 돌처럼 굳은 것 같은 기분이 든 적이 있을 것이다. 수면부족은 이와 같이 우리의 신체적 및 정신적 기능에 부정적인 영향을 상당히 많이 미친다.

수면부족은 무엇보다도 정신적 활동을 전체적으로 느려지게 하여, 평소보다 4시간을 못 자면 반응 속도는 45%가 느려지고, 하룻밤을 전혀 안 자고 꼬박 새우면 반응시간이 평소의 2배로 길어진다. 습관처럼 능숙한 기술로 해결할 수 있거나 익숙한 일상적인 문제라면 잠이 어느 정도 부족해도 그다지 지장을 받지 않는다. 그러나 문제가 복잡하고 새로운 것인 경우 혹은 창의력이 요구되는 경우에는 수면부족으로 인한 기능 저하가 상당히 두드러지게 나타난다. 따라서 즉흥적인 반응이나 재치, 순발력, 창의력 등을 많이 요구하는 직업에 종사하는 사람에게는 충분하고 안락한 수면이 매우 중요하다. 또한 수면부족은 기분을 처지게 만들어, 평소에 쾌활하고 호인이던 사람도 며칠 잠을 못 자면 쉽게 우울해지고 짜증이나 화를 잘 낸다. 또한 생기가 없고, 둔감해지며, 사물에 대한 호기심도 저하되고 영화, 연극, 음악, 스포츠 등 평소에 즐기던 오락에도 관심이 없어진다.

운동 기능과 같은 신체활동을 주로 필요로 하는 일에서는 하룻밤 정도 잠을 전혀 자지 못해도 큰 지장이 없다. 이에 비

해 복잡한 지적인 활동이나 창조적인 능력이 요구되는 일은
하룻밤만 자지 못해도 다음날 그 기능이 크게 저하된다. 물론
그 정도에는 개인차가 있다. 계속해서 잠을 못 자게 되면 정신
기능에 이상이 생기기 시작하여 지각력과 판단력이 저하되고,
심리적으로 안절부절못하며, 공격심이 증가한다. 스탠리 코
렌의『잠도둑들』에서 이에 대한 좋은 예를 찾을 수 있다.

미국의 어느 라디오 진행자가 200시간 동안 잠을 자지
않고 자선기금을 모으기 위한 마라톤 라디오 쇼를 진행한
적이 있다. 이때 심리학자를 비롯한 여러 전문가가 관찰한
바에 의하면, 그는 나흘이 지난 뒤부터 주의집중력이 심하
게 저하되었으며, 테이블 위의 점을 보고 벌레라고 하는 등
환각을 보이기 시작했고, 주변 사람들을 심하게 비난하고
피해망상적인 사고를 보이기도 하였다. 피해망상은 갈수록
더 심해져서 마지막 날에는 의사들이 자신을 산 채로 매장
하려 한다고 생각하고 극도의 공포심에 사로잡히기도 하였
다. 그는 방송이 끝난 뒤에 집으로 돌아가 13시간을 계속 잤
는데, 깨어나자 그의 사고, 기억력, 지각력, 판단력 등은 정
상이 되었고 기분도 이전의 쾌활한 상태로 돌아왔다.

그렇다면 전혀 잠을 안 자면 어떻게 될까? 좀 잔인한 실험

이지만 개를 대상으로 한 수면박탈실험이 있었다. 실험 결과, 잠을 완전히 빼앗긴 개는 대략 13일이 경과하면 죽었고, 강아지는 이보다 훨씬 빠른 6일째부터 죽음에 이르렀다. 실제로 옛날 중국에서는 형벌이나 고문의 한 형태로 잠을 안 재우는 형벌이 있었으며, 죄인이 잠들려고 하면 매질을 해서 깨웠다고 한다.

잠을 재우지 않는 고문을 해서 억지 자백을 받아내 사회적인 문제로 비화되는 경우도 왕왕 있다. 하지만 어떤 경우든 완전한 수면박탈은 어렵다. 인간은 잠을 안 자고 2~3일은 견딜지 모르지만, 그 이후에는 상당한 자극을 주어도 잠들어버린다. 형벌이나 고문을 받으면서 잠깐씩 졸았다 깨는 것도 사실 수면 상태로 보아야 한다. 결국 인간은 수면부족이 누적되면 어떠한 극한 상황에서도 잠들 수 있다고 결론내릴 수 있다. 심지어 전쟁 중에도 며칠씩 자지 않고 강행군을 하는 경우에 당연히 수면부족이 누적되어 행군 중에 꾸벅꾸벅 졸게 되는데, 이는 매우 짧은 기간이지만 수면을 취하고 있는 상태로, 이를 통해서 어느 정도는 신체적인 회복을 할 수 있다. 인간은 어떠한 악조건에서도 어떤 식으로든 간에 잠을 잘 수밖에 없고, 이를 통해서 최소한의 신체적 기능을 유지하도록 되어 있다. ◆

2. 만성불면증

　불면증으로 치료기관을 찾는 사람의 대부분은 불면증을 수년 동안 앓고 있다가 치료를 받으러 찾아오는 만성불면증 환자다. 이들은 만성적인 불면증으로 심리적·사회적·직업적 기능에 심각하게 영향을 받고 있는 사람들로, 잠 못 이루는 밤과 거의 사투에 가까운 전쟁을 벌이고 있다고 해도 과언이 아니다. 이들은 갖가지 민간요법을 다 동원하고, 일도 많이 줄여보고, 심지어는 배우자와 잠자리를 달리해보기도 한다. 하지만 좌절감만 쌓여갈 뿐, 불면증 앞에서 무력하기만 한 자신을 거듭 확인하고서 잔뜩 찌푸린 얼굴로 치료기관을 찾는다.

　잠 못 이루는 괴로움은 겪어보지 않은 사람은 모른다. 흔히 잠을 잘 못 자는 것은 누구나 겪을 수 있는 일로 여기기 때문에, 듣는 사람은 별로 심각하게 여기지 않는다. 하지만 당사자에게는 이보다 더 심각한 문제가 없다. 만성적으로 불면증을 경험하고 있는 사람은 정말 죽을 노릇이다. 몸은 항상 찌뿌드 드하지, 머리는 멍하니 집중도 안 되고 짜증스럽고, 예전에는 흥미를 가졌던 것들도 이제 재미가 없다. 주위에 있는 사람들 은 이런 모습을 보고 "얼굴이 안 좋네" "피곤해보이네"라고 얘기하지만, 정작 당사자가 얼마나 불면으로 고통받는지는 이해하지 못한다.

다음은 필자가 상담한 내담자의 호소다.

내가 처음 불면증을 경험한 것은 고등학교 3학년 때의 8월경으로 수능시험을 보기 전날이었다. 그날도 11시쯤 잠 자리에 들어 아침 6시에 깼는데, 왠지 전혀 잠을 잔 것 같지 가 않았다. 전날 잠들기 전의 의식이 그대로 살아있는 듯했 다. 머리가 깨질 듯이 아프고 기분도 나빴다. 토할 것만 같 아 화장실에 달려가 여러 번 헛구역질을 했다. 정신이 맑지 가 않아서 특히 수학시험을 치르기가 어려웠던 기억이 난다.

그 이후로 본고사를 본 겨울까지 거의 반 년가량 계속해 서 수면장애를 겪었다. 잠에 대해서 항상 불만스러워했고 신경이 날카로워져서 자주 짜증이 났다. 단지 잠이 부족한 것과는 다른 느낌이었다. 신문이나 방송에 나오는 불면증 에 대한 기사나 사람들이 해주는 이야기들을 따라서, 자기 전에 운동도 해보고, 숫자를 세어보거나 수지침도 맞아보았지만 번번이 실패했다. 이번에는 잘할 수 있을 것이라 의심치 않고 잠자리에 누워도 새벽 2~3시까지 자지 못했고, 잠을 자지 못하는 것에 대해서 스스로에게 화를 내곤 하였다. 그러다가 다시 누우면 겨우 3시간쯤 잠다운 잠을 자곤 하였다.

어떤 날은 자려고 자리에 누우면 분명히 의식은 없는 것 같지만 잠을 자는 것은 아니었다. 12시쯤 자리에 누워서 잠들었다가 6시쯤 일어난다. 하지만 밤새도록 계속 각성 상태였던 것처럼 피곤하게 느껴진다. 몸은 쉬지만 정신은 쉴 수가 없었다. 다른 사람이 볼 때는 도저히 이해가 가지 않는 것도 당연하다. 부모님조차도 나의 고통을 헤아려줄 수가 없기 때문에 더욱 고통스러웠다.

수능시험을 보기 일주일 전부터는 신경정신과에서 처방해준 신경안정제를 먹었다. 처음에는 반 알만 먹고도 잠이 들었으나 일주일 만에 내성이 생겼는지 시험 전날에는 한 알 반을 먹고도 잠을 자지 못해서 몽롱한 상태에서 겨우 시험을 보았다. 약에 의해 잠들었을 때는 보통 7시간 정도 잤고, 자연스럽게 푹 잔 것과는 조금 다른 개운치 못한 느낌이었다.

시험에 합격해서 입학하기까지 한 달여의 기간 동안은 아무것도 하지 않고 집에서 게으른 생활을 해서인지 잠에

대해 불만 없이 지냈다. 그러나 입학하고 나서 다시 그 지긋
지긋한 불면증이 시작되었다. 아무리 피곤하고 늦게 잠들어
도 아침 6시경이면 깨어서 다시 잠들 수가 없었다. 하루 종
일 잠이 부족한 느낌 때문에 짜증스럽고 불쾌했고, 학업과
대인관계에도 적지 않은 영향을 끼쳤다. 남들한테 내 처지
를 이야기해도 이해하지 못하는 경우가 대부분이었다. 한약
도 먹어보았지만 소용이 없었다. 용모도 단정치 못해 보였
고, 눈은 항상 충혈되어 있었으며, 언제나 지치고 피곤한 얼
굴이었다.

정도의 기복이 약간 있는 채로 이런 비슷한 상태가 4년
정도 지속되다가 4학년 2학기에는 거의 정상 생활이 불가능
할 정도로 상태가 심해졌다. 그 당시는 동아리 탈퇴로 인한
사회적 고립과 진로문제 등으로 스트레스가 많았던 시기였
다. 잠자리에 누워도 무의미하고 사소한 생각들이 물밀듯이
밀려들어서 그것을 물리치느라 잠을 못 자기도 하고, 아침
에 각성이 되면 다시 잠들 수 없고 일어나는 것은 더 힘들어
서 그냥 누운 채로 쉬면서 정오까지 시간을 보내는 일이 다
반사였다. 어쩌다가 겨우 학교에 가도 공부나 수업에 집중
하는 것은 엄두도 낼 수가 없을 만큼 힘들었다. 피곤해서 누
워도 몸만 쉴 수 있을 뿐 낮잠조차 제대로 잘 수가 없었다.

앞의 사례는 6년 동안 불면증으로 고생하고 있는 어느 대학생의 예로, 그는 불면증으로 수업을 제대로 듣지 못해 6년째 졸업을 못하고 있다. 잠자리에 들려고 하면 낮에 있었던 사소한 일들이 생각나서 도저히 잠을 잘 수가 없다. '낮에 내가 한 말 때문에 친구가 상처받지 않았을까, 그 친구가 날 어떻게 볼까, 내가 나쁜 애는 아닐까, 오늘도 잠이 안 오면 어떻게 하나, 오늘은 꼭 7시간 이상 자야 하는데, 그렇지 않으면 몸이 피곤해서 다음날 공부를 못해' 등의 생각이 꼬리를 물고 끊이질 않는다.

그러다 보니 잠자리에 누우면 온갖 걱정으로 인해 불안하고 긴장되어 잠을 잘 수 없고, 낮에는 항상 멍하고 짜증스러우며 불안했다. 잠이 항상 부족하다는 생각에 잠이 안 와도 미리 잠자리에 누워서 초저녁부터 잠을 청하지만 자정이 넘어서야 겨우 잠들고, 아침에 눈을 떠서도 피곤해서 즉각 일어나지 못하고 2시간씩 누워 있다가 오전 수업을 놓치는 경우가 허다하다. 얼굴은 항상 누렇게 뜬데다가 눈은 충혈되어 있으며 입술은 바짝 말라 있다. 누가 보더라도 어디 아픈 사람이라는 것을 한눈에 알아볼 수 있을 정도다.

이처럼 만성불면증은 개인의 생활에 심각한 지장을 준다. 수면부족이 누적되면 기분이 처지면서 일에도 지장을 주기 쉽다. 우유부단해지고 일에 대한 동기와 의욕이 저하되는 경우가 많으며, 일에 대해서 그다지 관심을 갖지 않게 된다. 또 세부사항에 신경 쓰지 않으며, 이전 같으면 몇 번씩 체크했을 일도 그냥 넘어가 나중에 오류를 발견하고 자책감을 느끼기 쉽다. 그 외에 사회적인 불편감도 증가해서 다른 사람의 접근에 쉽게 겁먹고 피하는 경향이 많아지며, 혼자 있으려고 한다.

1) 만성불면증의 특징

앞에서 언급한 것처럼, 만성불면증은 개인의 안녕감과 삶의 질에 심각하게 부정적인 영향을 주는데, 불면증을 앓고 나면 건강한 수면이 우리에게 가져다주는 행복감이 얼마나 큰가를 실감하게 된다. 우리는 살아가면서 예측할 수 있는 것이든 예측 불가능한 것이든 다양한 스트레스에 항상 노출되어 있으며, 이를 극복하기 위해서 각자 나름의 다양한 대처 방략을 구사한다. 이와 같이 스트레스 상황에서 일시적으로 긴장과 각성수준이 높아지면서 수면 문제를 보이는 것은 흔히 있는 일이고, 이를 병으로 취급하는 사람은 없다.

하지만 어떤 사람은 외적인 스트레스 요인이 사라진 뒤에도 계속해서 잠을 제대로 못 자고 불면에 시달리는데, 이럴 경우 일시적인 불면증이 점차 만성불면증으로 고착될 위험성이 매우 높다. 이들은 침실을 조용히 만들어보거나 외부의 불빛을 완전히 차단하기 위해서 커튼을 새 것으로 바꾸어보기도 하는 등 여러 가지 방법을 다 취해보지만, 그럴수록 잠을 잘 자야 한다는 생각에 더욱 집착하게 되어 머릿속은 온통 어떻게 하면 잠을 제대로 잘 수 있을까 하는 생각뿐이다. 또한 기분이 안 좋고 직장에서 일이 잘 안 풀리는 이유를 잠을 제대로 못 잔 탓으로만 여겨 잠 못 자는 것에 대해서 더욱 불안해하고 초조해진다.

빨리 잠들고 싶다는 욕구는 더욱 강해지고 여러 가지 방법을 동원해보지만 어느 것도 효과를 보지 못하면, 불면에 대한 무력감과 좌절감은 그의 생활을 불쾌하게 만드는 또 다른 요인이 된다. 이쯤 되면 불면증은 그들 생활에서 매우 심각한 스트레스 요인으로 자리하게 된다.

(1) 불면에 대한 지나친 걱정

앞에서 살펴본 것처럼, 스트레스에 당면하면 긴장 수준이 높아지고 각성 상태가 유지되어서 종종 수면에 어려움을 겪게 되는데, 불면에 대한 심한 걱정은 그 자체가 하나의 스트레스가 되어서 각성수준을 높여 불면을 더욱 만성화시키고 악화시키는 경향이 있다. 이는 '스트레스 → 걱정 → 일시적인 불면 → 불면에 대한 지나친 걱정 → 높아진 각성수준 → 불면 스트레스 → 걱정 → 더욱 높은 각성수준 → 불면 → … → 만

2. 만성불면증 ✳ **35**

성적인 불면증'이라는 악순환 양상을 보인다. 여기서 주목할 것은, 처음에는 외적인 스트레스로 인해서 파생된 불면이 나중에는 또 다른 스트레스가 되어서, 처음에 불면을 일으켰던 외적인 스트레스 요인이 없어졌음에도 각성수준을 높여서 불면증을 지속시키고 있다는 점이다. 처음에는 스트레스의 결과로 파생된 불면이 나중에는 불면 자체가 스트레스가 되어버리고 이에 대해서 걱정하고 신경을 쓰게 되면서 만성불면증으로 발전하게 된다.

혹자는 잠이 오지 않는 것에 대해서 지나치게 걱정하고 두려워하는 사람을 두고 불면공포증 혹은 불면신경증에 걸렸다고 이야기한다. 여기서 공포증과 신경증이라는 표현을 쓰는 이유는 객관적인 상황에 비해서 걱정이나 집착이 비정상적으로 지나쳐 일상생활에 지장을 주기 때문이다. 보통사람 같으면 며칠 밤잠을 못 자도 이를 살다 보면 가끔 있을 수 있는 일로 여기고 지나칠 것을, 불면신경증에 걸린 사람은 이에 대해서 집착하고 과도한 걱정을 보인다. 개공포증이나 고소공포증의 경우를 떠올리면 쉽게 이해가 될 것이다.

(2) 회피 성향

여기서 여러분은 한 가지 의문을 가질 수 있다. 똑같은 스트레스를 경험해도 어떤 사람은 잠시 불면에 시달리다가 스트레스가 사라지면 다시 정상적인 수면 생활을 유지하는 반면에, 어떤 사람은 스트레스가 사라진 뒤에도 계속해서 불면증에 시달리는데, 이 차이는 왜 생기는 것일까? 왜 누구는 일시적인 불면증으로 끝나고 누구는 만성불면증으로 발전하는가?

개인에 따라서 만성불면증에 걸리기 쉬운 사람이 분명히 있다. 불면증에 취약한 사람의 성격특징을 조사한 연구들을 살펴볼 때 가장 특징적인 것은, 심리적 갈등이 생기면 이를 적극적으로 해결하기보다 부인하거나 억압하고 혼자서 가슴앓이를 한다는 점이다. 이들은 특히 분노 감정이나 공격성과 같은 화나는 감정을 잘 소화하지 못하고 자신을 탓하는 경향이 많다. 따라서 심리적인 갈등에서 빚어지는 분노감과 공격성을 사회적으로 적절하게 표현하는 방법을 배워서 자신의 감정을 적극적으로 표현하도록 연습하는 것이 무엇보다 필요하다. 이들은 지나치게 걱정이 많아서 스트레스를 받으면 이를 해결하기 위해서 행동하기보다는 머릿속으로만 걱정을 반복하고 이에 강박적으로 사로잡히는 경향이 있다.

앞에서 일시적인 불면증이 만성적인 불면증으로 발전하는 주요 원인으로 불면 자체에 대한 심한 걱정으로 인해서 잠들기 어렵게 만드는 높은 각성수준이 유지되는 것을 꼽았다. 이는 만성불면증과 지나친 걱정 경향의 관련성을 보여주는 것으로, 불면에 대해 지나치게 걱정하게 만드는 성격특징들이 바로 만성불면증에 취약한 개인을 만든다고 할 수 있다.

(3) 건강에 대한 지나친 염려

그 밖의 특징으로는 건강에 대한 지나친 염려를 들 수 있다. 이들은 평소에 건강에 조금이라도 이상이 있을까 자신의 몸 상태에 촉각을 곤두세운다. 잠을 제대로 못 자서 기분이 처지고 몸도 개운하지 않으니 건강에 대한 그들의 걱정은 더 심해지고, 이에 따라서 각성수준이 높아지며 쾌적한 수면은 방해를 받는다.

정신과 장면에서 흔히 사용되고 있는 성격검사인 다면적 인성검사MMPI에서 나타난 불면증 환자의 성격특징을 보면 2−7−3우울증 척도−강박증 척도−히스테리 척도과 1−2−3건강염려증 척도−우울증 척도−히스테리 척도 프로파일을 가장 많이 보였다. 이에 따르면, 불면증 환자는 우울감과 불안감을 많이 느끼고 있고, 걱정이 지나치게 많으며, 이와 관련된 생각을 강박적으로 하는 경향이 심하다. 심리적 갈등이 있으면 이를 적극적으로 해결하기보다는 부인하고 억압하거나 자신을 책망하는 경향이 심하며, 신체적인 이상에 과민하게 반응하고 건강에 대해 지나치게 걱정하는 경향이 있다. 이러한 검사 결과는 불면증 환자들의 성격특징에 대한 이전의 기술들과 일치한다.

이상에서 보듯이 만성불면증은 상당 부분 심리적인 요인에 기인하고 있다. 특히 실제 스트레스로 인한 일시적인 불면증에 대해서 개인이 얼마나 집착하고 신경을 쓰느냐가 중요한데, 잠시 잠을 잘 못 자는 것에 대해서 걱정을 하지 않을수록 만성불면증으로 발전할 가능성은 줄어든다. 일반적으로 사람은 세상일의 대부분이 노력한 만큼 보답을 받고 성과가 따른다고 믿으며 살아간다. 하지만 불면증에 있어서만큼은 이와 전혀 반대다. 노력을 기울이지 않을수록 잠을 더 잘 잘 수 있다. 며칠 밤잠을 못 자더라도 '그럴 수도 있고 낮에 하는 일에 특별히 지장을 받지 않는다'고 느긋하게 생각하면, 어느 사이엔가 정상적이고 안락한 수면을 취하고 있는 자신을 발견할 것이다.

2) 만성불면증과 긴장

다음은 3년 동안 만성불면증으로 고통받아온 한 환자의 사례다.

저는 40세의 기혼 여성입니다. 오늘도 새벽 2시가 되도록 잠이 잘 안 와 이렇게 글을 쓰고 있습니다. 불면증을 극복하기 위해서 그동안 제가 노력해온 것과 그것을 바탕으로

제가 얻은 최종적인 결론을 말씀드리고자 펜을 들었습니다. 제 남편은 8시간을 중간에 깨지 않고 계속 잘 잡니다. 옆에서 깊이 잠든 남편의 모습을 보고 있으면 그렇게 부러울 수가 없습니다. 잠 못 드는 밤이면 혼자서 뜬눈으로 배회하는 일이 많습니다. 저는 잠을 잘 자기 위해서 갖가지 방법을 다 시도해보았으나 번번이 실패했습니다. 약도 소용이 없었습니다.

그래서 저는 잠을 못 자는 것에 대해서 불안해하거나 초조해하지 않고 마음을 최대한 편하게 가지며 제 자신을 이완시키기 시작했습니다. 그리고 잠 못 드는 시간에 다른 무엇인가를 하면서 그 시간을 효율적으로 사용하기 위해서 노력했습니다.

지금도 여전히 잠 못 드는 밤이 있긴 하지만 이전처럼 내가 잠 못 드는 것에 대해서 걱정하느라 무익하게 밤을 지새우는 일은 없습니다. 물론 이전에 비해서 불면증이 줄어든 것은 말할 것도 없고요. 내가 4시간 정도 잘 수 있는 상태인데도 불구하고 8시간을 자려고 무리하게 애쓰는 것은 어리석은 일입니다. 불면증을 극복하기 위한 최선의 유일한 방법은 불면증으로부터 신경을 끄는 것입니다.

이 환자의 말처럼 만성불면증을 극복하기 위해서는 불면증

에 대한 걱정을 접어두고 신체적 · 정신적으로 최대한 긴장을
풀어주는 것이 중요하다. 불면증은 흔히 지나친 긴장으로부
터 오기 때문에 긴장을 풀기 위해서 다양한 종류의 긴장이완
훈련이 불면증 치료에 많이 응용되고 있다. 잠이 안 올 때 눈
이 긴장되어 있지는 않은지 확인해보고, 눈의 긴장을 풀기 위
해서 눈꺼풀이 자기의 무게만으로 자연스럽게 아래로 처지게
놓아둔다. 그리고 입은 약간 벌리고 입술을 느슨하게 해준다.
이러는 동안에 어느덧 얼굴은 긴장이 풀려 있을 것이다. 걱정
으로 찌푸린 이마와 눈살은 펴지고 편안한 모습을 찾을 것이
며, 입술은 어색하게 바짝 맞물려 있지 않을 것이다.

불면증으로 고생하고 있다면, 잠자리에서 뜬눈으로 누워
있을 때 흔히 생각 속으로 질주하듯이 빨려 들어가고 있는 자
신을 경험할 것이다. 가족문제, 사업문제, 부부갈등, 아이들
걱정, 친구와의 갈등 등 이 모든 것이 당신의 머릿속을 종횡무
진으로 휘저으며 걱정하고 또 걱정하도록 만들 것이다. 반복
적이고 계속적인 걱정 속에서 당신의 정신은 더욱 또렷해지고
각성 상태는 더욱 높아지게 될 것이다.

이때 당신이 해야 할 일은, 불안감과 긴장을 초래하는 걱정
스러운 생각들을 떨쳐버리고 평안하고 조용한 생각을 머릿속
에 떠올려서 자신을 이완시키는 것이다. 이때 지나치게 즐거
운 생각을 하게 되면 이 또한 정신을 흥분시켜서 긴장되게 만

들 수 있으니 유의해야 한다. 잔디밭에 누워서 하늘을 바라보는 모습이나 멀리 수평선 위로 너울너울 날고 있는 갈매기를 그려보는 것도 좋고, 여름날 계곡에서 잔잔히 흘러내리고 있는 물소리를 떠올려보는 것도 좋다. 오늘밤 또 잠을 잘 못 잘지도 모르고 그렇게 되면 다음날 일을 제대로 못할 거라는 두려움이나 걱정은 당신의 불안감과 긴장을 가중시키고, 그럴수록 잠들기는 더 어려워지는 악순환이 반복된다. 며칠 못 자도 몸에 큰 이상은 없고 다음날 일하는데도 큰 지장은 없다고 스스로에게 확신을 주고서 무심히 며칠 밤을 지내다 보면 어느샌가 불면증은 사라지고 편안히 숙면을 취하고 있는 자신을 발견하게 될 것이다.

자리에 누웠을 때 간단히 긴장을 풀 수 있는 한 가지 방법이 있다. 눈을 이완시키고 규칙적으로 숨 쉬는 것이 중요하다. 흔히 불면증 환자는 잠이 오지 않음에도 억지로 눈을 감은 채 누워 있다. 잠자기 위해서 노력할 때 눈을 감은 채로 있는 것은 어쩌면 당연한 일인지도 모른다. 그러나 그렇게 강제로 눈을 감고 있는 것은 잠을 청하는 데 도움이 되기는커녕, 더욱 잠들기 어렵게 만드는 경우가 대부분이다.

이럴 때는 반대로 눈을 뜨고 어둠 속을 가만히 응시하고 있는 것이 오히려 도움이 된다. 그렇게 몇 분간 있으면 자연스럽게 눈꺼풀이 무거워지면서 졸음이 오는 것을 느낄 수 있다. 눈을 뜨고 허공을 가만히 응시하고 있어도 계속 잠이 오지 않으면 호흡에 맞추어 눈을 감았다 뜨는 동작을 리듬감 있게 해보는 것도 좋다. 숨을 깊이 들이마시면서 동시에 눈을 뜨고, 숨을 내뱉으면서 눈을 감으면 된다. 이런 과정을 몇 번 하다 보면 눈의 긴장이 사라지고 이완되어 졸음이 자연스럽게 밀려올 수 있다.

3) 수면부족과 만성불면증

만성적인 불면증에 시달리는 사람이 반드시 만성적인 수면부족을 경험하고 있다고 얘기할 수는 없다. 앞에서도 언급했듯이, 불면증을 진단할 때 중요한 것은 절대적인 수면시간이 아니라 수면효율성이다. 잠자리에 들어서 얼마나 잠을 제대로 잤는지가 중요하다. 만성적인 불면증 환자를 대상으로 수면다원검사를 실시해보면, 이들은 객관적으로 확인된 것에 비해서 잠들기까지 걸린 시간과 수면 중에 깬 시간을 과대 추정하고 있었으며, 지속적으로 잠을 잔 시간은 과소 추정하는 경향이 있다. 이처럼 불면증 환자는 자신의 수면 상태를 실제보다 부정적으로 평가하는 경향이 강하다. 즉, 수면시간을 과소평가하고 실제로는 충분한 시간을 잤는데도 자신은 별로 자지 못했다고 잘못 생각하고 있는 경우가 많다.

그렇다고 해서 불면증을 앓고 있는 사람이 꾀병을 부리고 있다는 말은 아니다. 그들은 실제로 만성적인 피로감과 집중력 및 기억력의 저하를 느끼고 있으며, 행동적 기민성에서도 저하를 보이는 등 생활 전반에 걸쳐서 다양한 기능 저하를 보인다. 하지만 그러한 신체적·심리적 기능 저하가 그들이 철저하게 믿어온 것처럼 불면에 전적으로 기인하는 것은 아니다. 그보다는 상당 부분이 부적응적인 사고 습관이나 생활 태도에 뿌리를 두고 있다. 불면증이 만성화되는 것은 개인의 부적응적인 성격특징에 기인한다고 보아도 무리가 없다. 성격특징은 쉽게 변하지 않고 개인에게서 일관되게 나타나는 특징이기 때문에, 이러한 성격을 가진 사람은 불면증이 만성화될 소지가 그만큼 높다.

실제로 불면증 환자는 정상인에 비해서 건강 관련 문제를 더 많이 호소하고 더 빈번히 입원하는데, 흔히 긴장성 두통, 소화기 관련 문제, 비특정적인 통증 등 심인성 신체 증상을 많이 나타낸다. 심인성 신체 증상이란 심리적인 원인에 기인하는 것으로 생각되는 두통, 소화불량, 가슴앓이 등의 신체적인 증상을 일컫는 것으로, 만성적으로 긴장과 불안감이 심한 사람에게서 흔히 나타난다.

지금까지 연구된 바에 따르면 불면증 자체는 사망률과 관련이 없다. 그러나 한 연구조사에 따르면 잠을 지나치게 적게 자거나4시간 이하 지나치게 많이 자는10시간 이상 사람은 7~8시간 자는 사람에 비해서 1.5~2배 정도 사망률이 높다. 물론 이 결과가 수면과 사망률과의 직접적인 관련성을 보여주는 것은 아니다. 신체적으로 허약하고 질병이 있는 사람이 수면에 문제를 보여서 너무 적게 자거나 너무 많이 잘 수도 있기 때문에 이러한 결과는 매우 조심스럽게 해석되어야 한다. 원래부터 병이 있고 신체적으로 허약한 사람이 잠을 많이 자거나 적게 잘 가능성이 높으며, 정상인에 비해서 사망률이 높은 것은 당연하다. ◆

3. 불면증의 분류

　불면증은 다른 질환의 한 증상으로 나타날 수도 있고 그 자체가 유일한 증후로 나타날 수도 있다. DSM-IV에서는 전자를 '이차성 불면증secondary insomnia'이라 하고, 후자를 '원발성 불면증primary insomnia'이라고 한다. 하나의 증상으로 이해되는 불면증은 의학적 질환, 정신과적 장애 혹은 환경적 요인에 의해서 이차적으로 불면증이 생긴 것으로, 이 경우는 불면증의 기저에 있는 장애나 환경적 요인에 대한 치료 또는 처치가 선행되어야 한다. 최근에 발간된 DSM-5(2013)와 ICSD-3(2014)에서는 원발성 불면증과 이차성 불면증을 구분하지는 않고 있다. 하지만 불면증에 대한 이전의 많은 연구가 원발성 불면증과 이차성 불면증을 구분하고 이루어진 것들이어서 이에 대한 기술이 필요할 경우에는 원발성 및 이차성 불면증이라는 용어를 부득이하게 그대로 사용함을 이해해주기 바란다.

1997년도 『미국의학회지Journal of American Medical Association』에 소개된 한 논문에 따르면, 만성불면증을 호소하는 사례의 약 29%는 정밀한 검사 후에도 그 원인을 분명히 알 수 없었다고 한다. 불면증의 원인이 분명한 나머지 71%의 만성불면증의 특징을 살펴보면, 우선 34%로 가장 큰 비율을 차지한 것이 우울이나 불안과 같은 정신과적 장애로 인한 불면증이었다. 이 경우는 정신과적 장애가 치료되면 그 결과로 불면증도 사라진다.

때로는 정신과적 장애를 치료하기 위해서 처방된 약물선택적 세로토닌 재흡수 억제제 가운데 일부 약물이 수면을 방해하기도 한다. 29%는 하지불안 증후군과 간헐적 하지운동과 같은 운동성 장애를 가지고 있었고, 11%는 일교차성 수면장애가 있었다. 수면무호흡증과 같은 호흡기 장애와 관절염이나 통증을 유발하는 그 외의 장애를 가지고 있는 사례가 각각 9%였다. 이상의 경우는 각 장애의 원인이 되는 요인이 치료되면 불면증도 따라서 완화된다.

나머지 8%가 앞에서 언급한 원발성 불면증에 해당되는 것으로, 위에서 열거한 질병에 의해 초래되지 않고 항우울제나 항히스타민제와 같은 약물에도 기인하지 않는 불면증이다. 이러한 원발성 불면증은 대부분 심리생리적 불면증이라고도 하고 조건화 혹은 학습된 불면증이라고 일컬어지는 것으로,

이때는 불면증 자체를 위한 치료가 있어야 한다.

1) 진단적 분류

수면장애에 대한 분류체계에는 3가지가 있다. 불면증은 수면장애 중에서도 가장 많은 유병률을 보이는 것으로, 각각의 체계는 불면증에 대한 분류를 위해서 많은 지면을 할애하고 있다. 미국 정신의학회에서 2013년도에 발간한 DSM-5, 세계보건기구에서 1993년도에 발간한 ICD-10국제질병 분류체계-제10판, 미국수면장애학회에서 2014년도에 발간한 ICSD-3국제수면장애분류가 그것이다.

DSM-IV(1994)와 ICSD(1990)에서 원발성 불면증과 이차성 불면증을 구분하는 분류는 임상 실제에서 보면 명확하게 나눠지는 것이 아니고 상당 부분 중복되는 것을 확인할 수 있다. 약물의존성이나 기타 의학적인 원인에 의한 불면증이 심리적인 요인에 의해서 흔히 악화되는 것을 볼 수 있으며, 스트레스에 기인한 불면증이 심리생리적 불면증으로 발전해가기도 한다. 임상 실제에서 보면 불면증이 처음에는 특정한 원인에 의해 발병하더라도 진행 과정에서 다양한 원인들로 인해 보다 악화되거나 지속되는 경우가 많다.

2) 불면증의 종류

DSM-5에서는 불면증의 종류를 구체적으로 세분하고 있지 않다. 여기서는 ICSD-3에 소개된 것을 중심으로 언급하겠다. ICSD-3에서는 불면증을 단기불면증과 만성불면증으로 크게 나누고 있으며 이에 대한 구분은 앞서 언급한 바와 같다. 만성 불면증의 종류에는 다음의 것들이 포함되어 있다.

(1) 심리생리적 불면증

심리생리적psychophysiological 불면증은 외부의 스트레스로 인해서 유발되는 것이 아니다. 심리적인 원인으로 인해 각성수준이 높아져서 수면을 제대로 못 취하는 것으로, 심리학적인 연구가 가장 많이 이루어지고 있는 불면증 분야다. ICSD에서는 심리생리적 불면증에 대해서 다음과 같은 특징들을 열거하고 있다.

- 불면증과 함께 생활 기능상의 저하를 호소한다.
- 수면을 유도해주던 자극이 반대로 수면을 방해하는 자극으로 잘못 학습되어 있다.
- 신체적 긴장도가 증가한다.
- 수면다원검사에서 감소된 수면효율성이 확인되어야

한다.

• 다른 정신과적 장애나 의학적 문제에 의해서 불면증이 설명되지 않아야 한다.

여기서 특히 주목해야 할 것은 수면다원검사를 통해서 객관적으로 불면증 상태가 확인되었음에도 체계적인 의학적 검사나 평가를 통해서 그 원인이 뚜렷이 확인되지 않는다는 점이다. 그렇다고 해서 환자가 엄살을 부리는 것은 아니다. DSM-IV와 ICSD-R에서는 심리생리적 불면증을 원발성 불면증으로 보았다. 한 연구조사에 따르면 불면증 환자의 약 56%가 원발성 불면증인 심리생리적 불면증의 특징을 갖고 있었으며, 이 중에는 상당수가 동시에 이차성 불면증으로 분류될 수 있었다.

앞에서도 언급했듯이, 이처럼 원발성 불면증과 이차성 불면증은 서로 배타적인 관계가 아니다. 이차성 불면증이 심리생리적 불면증으로 인해 더욱 악화될 가능성은 개인적인 특징에 따라서 얼마든지 있으며, 불면증의 주요 원인이 따로 있는 이차성 불면증을 앓고 있는 사람이라 하더라도 심리생리적 불면증에 대한 치료적 접근을 해야 하는 경우가 많다. 이처럼 심리생리적 불면증은 진단적 분류상에서는 구분이 되어 있지만 임상 실제에서는 다른 원인의 불면증과 엄격히 구분되지 않은 채 개인의 불면증을 악화 또는 지속시키고 있다.

불면증 치료에 대한 심리학적인 접근의 대부분은 불면증을 최초에 발병하게 한 원인은 별도로 하고, 심리생리적인 원인을 불면증을 악화 혹은 지속시키는 보편적인 기저 요인으로 가정하여 이에 대한 치료를 강조하고 있다. 뒤에서 소개할 불면증에 대한 치료 접근은 주로 이러한 심리학적인 접근을 수용한 것으로, 불면증을 앓고 있는 당사자 스스로가 불면증의 발병과 유지 과정에 대한 충분한 이해를 갖고 있고 철저한 자기관리를 한다면 불면증의 상당 부분은 자가치료로 완화되고 치료될 수 있다. 심리생리적 불면증을 이해하기 위해서는 신체화된 긴장과 조건화되고 학습된 불면증에 대해서 알아두는 것이 중요하다.

① 신체화된 긴장

심리생리적인 불면증을 보이는 사람은 신체화된 긴장이 심하다. 신체화된 긴장이란 우리가 흔히 화병이라고 말하는 것을 연상하면 이해가 쉬울 것이다. 생활 속의 스트레스로 인해 화는 나는데 이를 어떻게 해소할 수 없어 혼자서 꾹꾹 참고 있을 경우에 흔히 가슴이 답답하고 소화가 안 되며 몸 여기저기가 아픈 것 등 다양한 신체적인 불편감을 경험하게 된다. 이때 화가 나도 겉으로 표현하지 못하고 속으로 삭이는 것을 '심리적 갈등의 내재화'라고 한다. 심리적 갈등을 지속적으로 내재화할 경우에는 긴장감이 만성적으로 높아지면서 다양한 신체 증상을 보일 수 있다. 이처럼 만성적인 긴장감이 신체 증상으로 표출되었다는 의미에서 신체화된 긴장somatized tension이라고 한다. 이러한 신체화된 긴장으로 인해 각성수준이 높아져 불면증이 일어날 수 있다.

② 조건화 혹은 학습된 불면증

심리생리적 불면증을 조건화 혹은 학습된 불면증이라고 부르는데, 이는 심리생리적 불면증의 특징 중 하나인 수면을 유도해주던 자극이 반대로 수면을 방해하는 자극으로 잘못 학습된 것을 강조하는 말이다.

심리생리적 불면증의 또 다른 원인으로 잘못된 수면습관을 들 수 있다. 이에 대한 설명은 다소 복잡하게 여겨질 수도 있는데, 쉽게 이해하기 위해서 연상작용을 떠올리면 된다. 애인과 자주 거닐던 길을 혼자서 우연히 걷다 보면 그 당시 애인의 모습을 떠올리게 되고, 그때 애인이 부드럽게 속삭여주던 귓속말의 여운을 다시 느끼게 된다. 이는 지금 걷고 있는 길과 애인과 데이트하던 경험이 연합되어 머릿속에 학습되어 있기 때문이다.

일반적으로 하루 일과를 마친 뒤에 오는 피로감 때문에 자연스럽게 졸리게 되고 그러면 잠이 드는 것으로 알고 있다. 물론 피곤이 수면을 촉진시키기도 하지만 조건학습 이론에서는 이에 더해서 잠이 드는 이유로 다른 설명을 하고 있다. 조건학습 이론에 따르면, 잠잘 준비가 되었음을 알려주는 여러 가지 단서예: 침실, 침대의 안락한 쿠션, 이불의 부드러운 촉감, 잠을 잘 시간 등들과 졸음이 연합되어 있기 때문에 밤에 침실에 가서 누우면 졸음이 쏟아지면서 잠이 들게 된다고 한다.

일전에 보았던 TV의 한 코미디 프로그램이 이러한 상황을 극적으로 잘 보여준다. 어느 멍청해 보이는 사람이 아침에 출근하려고 넥타이에 양복을 차려입고 대문을 나서는데, 아내가 인상을 찌푸리며 넥타이 색과 양복이 맞지 않으니 넥타이를 바꿔 매고 오라고 말했다. 남편은 약간 싫은 내색을 짓더니 이내 침실로 들어가서 넥타이를 풀었다. 침대 위에는 자기가 조금 전에 빠져나온 이불이 그대로 있었다. 그는 자기가 왜 방에 들어왔나 한참 생각하더니 양복을 하나씩 벗고 침대에 누워서 그대로 잠이 들어버렸다. 침실과 이불이 이 사람에게 수면을 유도하는 자극으로 작용해서, 넥타이를 바꿔 매기 위해서 침실에 들어왔다는 사실을 잊게 만들고 잠이 들게 한 것이다. 물론 극화한 것이기는 하지만 실제로 이러한 일들이 우리의 일상에서 있을 수 있다.

앞에서 심리생리적 불면증의 원인으로 잘못된 수면습관을

언급한 이유는 무엇이고, 불면증과 조건학습은 도대체 어떤 관련성이 있는 것일까? 정상인들에게는 수면과 관련된 자극침실, 이불, 잠옷 등이 수면과 연합되어서 저절로 잠이 오게 하지만, 불면증 환자에게는 이러한 자극이 오히려 수면 상태와는 반대되는 각성 상태와 연합되어 있어서 잠자리에 들면 정신을 더욱 또렷하게 한다. 불면증 환자는 흔히 침대에서 책을 읽거나 다음날 있을 발표에 대해서 걱정하기도 하고 TV를 시청하기도 하는데, 이러한 행동은 각성수준을 높여 수면을 방해한다. 이러한 일이 반복되면 침대, 이불, 잠잘 시간 등의 자극과 높은 각성수준이 연합되어 침대에 누워도 졸리지 않고 정신이 또렷해지는 것을 경험할 수 있다.

여기에 대해서 혹자는 이불 속에서 TV를 보거나 책을 읽다 보면 잠이 더 빨리 오는 경우는 왜 그러냐는 의문을 제기할 수 있다. 그 경우는 TV시청이나 독서가 그날의 걱정을 잊고 긴장을 이완시키는 수단으로 작용한 것이다. 이것은 프로그램이나 책의 내용과도 관련이 있고, 개인의 성격적인 특성과도 관련이 있다. 너무 자극적인 내용의 프로그램은 각성수준을 높여 주기 때문에 당연히 수면을 방해하고, 심신을 이완시켜주는 프로그램은 반대로 수면을 도울 것이다. 따라서 잠자리에서는 감정적 동요를 많이 일으키는 소설류보다는 간단한 읽을거리가 있는 잡지가 좋다. TV 프로그램 편성을 보면 밤 10시 이후에는 시사 프로그램이나 토크쇼와 같은 심각하지 않은 가벼운 것들이 주를 이루는데, 필자가 생각하기에는 이러한 방송 편성이 시청자들의 안락한 수면을 고려한 방송국 관련자들의 배려가 아닌가 생각된다.

불면증을 앓고 있는 사람이 집을 떠나서 낯선 환경에서는 오히려 잠을 더 잘 자는 경우가 있다. 정상적으로 수면을 취하는 사람은 반대로 낯선 환경에서 잠을 더 못 잔다. 이는 불면증 환자가 불면과 연합되어 있는 자신의 친숙한 환경에서 벗어남으로써 오히려 잠을 더 잘 자게 되는 것으로, 조건화 혹은 학습된 불면증을 지지해주는 경험적인 예라고 할 수 있다. 불면증 환자가 수면다원검사를 받기 위해서는 검사실에서 며칠 밤을 보내게 되는데, 첫날밤에 의외로 잠을 잘 잤다고 이야기한다. 이 경우도 불면과 학습된 자극이 하나도 없는 낯선 환경에서 잠을 더 잘 자는 조건화된 불면증의 예가 된다.

심리생리적 불면증을 보이는 사람은 흔히 불안감과 우울감을 보이는데, 그렇다고 해서 이들이 우울증이나 불안장애를 앓고 있다고 할 수는 없다. 그들이 보이는 불안이나 우울 관련 증상은 불면증으로 인한 생활기능상의 저하나 수면에 대한 무력감으로 인한 이차적인 것이기 때문이다. 심리생리적 불면증은 거의 대부분 처음에는 애인과의 이별, 이혼, 사별, 이직,

가족 갈등 등의 스트레스로 인한 일시적 불면증에서 출발한다. 그러다가 스트레스가 사라진 뒤에도 불면증이 계속되면서 불면에 대한 걱정과 함께 각성수준이 높아져 심리생리적 불면증으로 발전하게 된다.

(2) 특발성 불면증

아동기 발병 불면증이라고도 하는 특발성 불면증idiopathic insomnia은 적절한 수면을 취할 수 있는 능력에 기질적인 손상이 있는 불면증으로, 수면각성체계를 통제하는 신경학적인 기제에 이상이 있다고 가정한다. 가장 지속적인 불면증으로, 심리적인 요인에 의한 일시적인 차도가 없는 것도 한 특징이다. 이들은 아동기와 청소년기에 경미한 뇌기능 장애를 시사하는 주의력결핍 장애나 난독증을 함께 보이며, 성인이 되면 주의집중력과 기억력에서 손상을 보일 수도 있다. 하지만 이들은 어려서부터 불면증을 앓고 있었기 때문에 이에 대한 대처를 나름대로 잘함으로써 불면증으로 인한 신체적 및 심리적 스트레스를 최소화하고 있다.

(3) 역설적 불면증

역설적paradoxical 불면증은 이전에 수면상태오지각sleep state misconception으로 불렸다. 역설적 불면증을 보이는 사람은 불면증을 시사하는 실제 증거가 없음에도 불면증으로 인한 고통을 호소한다. 수면다원검사상으로는 수면효율성에 이상이 없음에도 잠을 잘 못 잔다고 계속해서 호소하며, 주관적인 호소와 객관적인 측정치 간에 차이가 많이 나는 것이 특징이다.

대부분의 불면증 환자가 잠들기까지 걸린 시간과 자다가 깬 시간을 과대추정하고 전체 수면시간을 과소추정하는 경향이 있는 것은 사실이지만, 역설적 불면증 환자의 경우는 그 정도가 특히 심하다. 전체 불면증 환자의 5~10%가 역설적 불면증 환자라는 보고가 있지만 역설적 불면증에 대한 연구는 아직 매우 부족한 실정이다. 어쩌면 현재 우리가 사용하고 있는 수면검사도구의 성능이 떨어져서 역설적 불면증의 특징에 대한 제대로 된 객관적 측정을 하지 못하는 것일 수도 있다.

(4) 부적절한 수면위생으로 인한 불면증

수면위생sleep hygiene은 건강한 수면을 위한 습관을 의미한다. 부적절한 수면위생은 수면에 좋지 않은 습관이나 행동을 일컫는 것으로, 나쁜 생활습관으로 인해서 불면증을 경험하고 있다고 확인되면 수면위생에 좋은 습관이나 행동을 가르쳐 주고 이를 생활 속에서 실천하도록 돕는 것이 불면증을 줄여 주는 데 도움이 된다. 다음은 구체적인 수면위생기법이다.

- 매일 같은 시간에 일어나기
- 피곤할 때만 자러 가기
- 수면 전에 이완시키는 생활습관 만들기
- 건강에 좋은 식단으로 식사하기
- 규칙적으로 운동하기
- 잠자리에 들기 4시간 전부터는 과격한 운동을 하지 않기
- 규칙적인 생활 유지하기
- 잠자리에 들기 6시간 전부터는 카페인이 든 음식 피하기
- 술 마시지 않기
- 금연
- 낮잠을 반드시 자야 한다면 매일 같은 시간에 자기
- 수면제 사용을 최소한으로 하고 의사의 조언 듣기
- 불필요한 스트레스는 가능한 한 피할 것
- 침대에서 TV 보기, 책 읽기, 계획 세우기, 공부하기 등 수면 외의 행동은 하지 말 것
- 침실을 청결하고 안락하며 편안하게 꾸밀 것
- 빛과 소음을 완전히 차단할 것

(5) 정신장애로 인한 불면증

불면증은 우울증, 조울증, 정신분열증, 공황장애, 성격장애 등의 정신과적 장애의 한 증상으로 언급될 정도로 정신과

환자가 흔히 호소하는 증상이다. 한 연구조사에 따르면 정신과 환자의 75% 이상이 불면증을 비롯한 수면 문제를 호소하고 있었다. 거의 모든 불안장애 환자가 수면의 어려움을 보이고 있는데, 특히 범불안장애generalized anxiety disorder 환자가 불면증을 많이 앓고 있는 것으로 보고되고 있다.

우울증 환자는 수면 중에 종종 깰 뿐만 아니라 아침에도 일찍 눈을 뜨는 경향이 있으며, 잠드는 데도 어려움을 많이 보인다. 조울증 환자의 경우, 조증 상태에서 흔히 불면증을 보이며 우울 상태에서는 반대로 과수면 상태를 많이 보인다. 정신분열증 환자와 치매 환자는 수면각성주기에 지장이 있어서 밤에 잠을 못 자고 낮에 종종 잠이 드는 경우가 많다. 이처럼 정신과 환자는 흔히 불면증을 호소한다.

한편, 연구결과들을 보면 불면증 환자 중에서 대략 35~40% 정도가 정신과적 장애를 같이 가지고 있는 것으로 확인된다. 여러 역학 자료들은 일관되게 우울증과 조울증, 불안장애, 약물남용장애가 가장 많은 것으로 보고되고 있다. 불면증 환자의 약 25% 정도가 우울증, 조울증, 기분부전장애 등을 앓고 있으며, 같은 비율의 환자가 불안관련 장애를 보이는데, 특히 범불안장애가 가장 흔하다. 불면증 환자의 10~15% 정도는 약물남용 문제를 보이는데, 이들은 흔히 술이나 진정제, 수면제, 각성제 등의 약물을 복용하였다. 적응장애와 신체화 장

애도 흔히 보이며, 성격장애와 관련해서는 강박적 성격장애
와 경계선 성격장애가 불면증 환자 사이에서 가장 많다.

　이처럼 불면증 환자는 다양한 정신과적 장애를 함께 보이
고 있으며, 이 중에는 2개 이상의 정신과적 장애를 함께 진단
받는 경우도 흔해서 불면증이 정신과적 장애의 원인인지 결과
인지 구분하기 어려운 경우가 많다. 특히 불면증을 오래 앓고
있는 사람은 수면에 대한 무력감이 심하고 기능 또한 심하게
저하되어 우울감을 흔히 호소하며, 실제로 우울증으로까지
발전하는 경우도 있다.

　정신과적 장애가 심각하지 않은 경우에 불면증이 먼저인지
정신장애가 먼저인지 구분하는 것은 사실 매우 어렵다. 이를
구분하기 위해서는 병력과 관련된 정신과 면담을 충실히 해
보는 것이 중요하다. 어쨌든 정신장애가 함께 있는 경우는 정
신장애에 대한 치료가 우선되어야 한다.

　이와는 별도로 불면증 자체에 대한 치료도 병행하는 것이
좋다. 불면증이 완화되면 더불어 기분이나 기능 수준이 어느
정도 향상될 수 있고, 그러면 환자가 스스로 정신장애를 극복
하는 데도 훨씬 용이할 것이다.

(6) 의학적 상태로 인한 불면증

　의학적 질환은 흔히 수면장애를 일으킨다. 질환의 한 증상

으로서 이차적으로 수면장애가 오기도 하고, 그 질환을 치료하기 위해 사용한 약물이나 그 외의 다른 치료 절차가 수면장애를 초래하기도 한다. 통증 같은 신체적 불편감을 일으키는 의학적 처치는 대부분 어느 정도는 수면을 방해하기 마련이다. 급성 및 만성 통증은 수면 문제를 일으키는 주범이다. 특히 요통, 관절염, 골다공증, 두통 등을 앓고 있는 사람들이 불면증을 많이 호소한다. 그 외에도 만성 폐병, 갑상선기능항진증, 위장역류증, 신장병 등도 수면장애를 흔히 일으키며, 대부분의 중추신경계 장애는 심각한 수면곤란을 가져온다. 어떤 뇌손상은 수면각성주기에 이상을 일으켜서 밤에는 불면증을, 낮에는 과수면증을 일으키기도 한다.

(7) 약물이나 물질로 인한 불면증

불면증은 술로 인한 대표적인 수면장애다. 알코올에 중독되어 있으면 즉각적으로는 진정 효과에 의해서 졸음이 오고 쉽게 잠이 들어 서너 시간 정도는 잘 자지만, 이후로는 깊은 잠을 자기 어렵고 자다가 잘 깨며 꿈자리가 사납다. 자는 동안의 뇌파를 측정해보면 후반부의 수면에서 깊은 수면 상태를 나타내는 단계 3과 4의 수면이 감소해 있고, 각성 상태가 증가해 있으며, REM 수면도 증가해 있는 것을 관찰할 수 있다. 술은 당장 잠드는 데는 효과가 있지만 지속적으로 수면을 유지하는 데는 지장을 초래하기 때문에 결과적으로 수면의 질이 떨어지게 된다. 하지만 알코올 섭취를 갑자기 중단하게 되면 수면은 극도의 장애를 보여 지속적인 수면에 심하게 지장을 받고 REM 수면의 강도와 길이가 증가한다. 따라서 알코올 중독 상태라면 적정한 시간을 두고 금주를 하는 것이 필요하다.

암페타민과 같은 흥분제로 인한 불면증의 경우에는 중독 상태에서는 불면증을 보이고, 복용을 중단하면 과수면증을 특징적으로 보인다. 암페타민은 중독 상태에서 전체 수면의 양을 감소시키고, 지속적인 수면을 저해하며, 잠드는 데 오랜 시간이 걸린다. 암페타민을 만성적으로 남용해오다가 사용을 중단하면 과수면증을 보이고 밤수면이 증가할 뿐만 아니라 낮 동안에도 계속해서 지나치게 조는 증상을 보인다. 카페인이 든 음식을 만성적으로 과다복용해도 흔히 불면증을 겪게 되는데, 카페인은 각성 상태를 지속시키고 나아가 지속적인 수면을 어렵게 한다.

진정제나 수면제를 복용하면 단기적으로는 졸음이 오게 하고 각성수준을 낮춰줘서 잠을 잘 자게 해주지만, 장기 복용하면 약에 대한 내성이 높아져서 다시 불면증이 오게 된다. 그래서 약의 용량을 늘리면 낮 동안에 심하게 졸려 제대로 기능하기가 어렵다. 그렇다고 갑자기 약물을 끊게 되면 투여중지 불면증withdrawal insomnia을 겪어 수면량이 감소하는 것은 물론이고 불안이 증가하고 몸이 떨리는 증상과 운동협응에 장애를 보일 수도 있다.

이상에서 언급한 알코올이나 약물로 인한 불면증은 대략 10~15% 정도다. 한 통계자료에 따르면, 불면증 치료를 위해 찾아오는 환자의 50%는 습관적으로 약물을 사용하고 있었다. 이러한 환자에 대해서는 약물 사용을 스스로 관리할 수 있도록 도와주는 것이 치료의 중요한 부분을 차지한다.

 잠의 네 단계

전통적으로 잠 연구자들은 잠의 깊이를 4단계로 구분해왔다. 이는 뇌파기록장치를 통해서 뇌파를 측정함으로써 확인되는데, 진폭과 주파수를 분석해서 각 단계를 구분한다. 이렇게 측정한 뇌파를 EEG 혹은 뇌전도라고 부르는데, 이것은 단계가 높아질수록 파장이 느려지며 수면 상태를 나타내는 지표가 된다.

제1단계는 깨어 있는 상태로부터 졸음 상태를 거쳐서 진짜 잠으로 넘어가는 단계로, 명백하게 의식의 경계를 넘나든다. 이 단계에서는 약한 소리를 식별할 수 있고 지시에 따라서 손을 약하게 구부리는 움직임도 가능하다. 대개 사람들은 주어진 소리에 대해 절반에 약간 못 미치는 확률로 반응한다.

2단계는 일반적으로 잠들었다고 얘기하는 상태로, 최초의 진짜 잠이라고 할 수 있다. 이 상태에서는 잠든 사람을 쉽게 깨울 수는 있지만, 1단계에서와 같이 약한 소리에 반응을 보이지는 않는다. 이는 1단계에 비해서 훨씬 깊은 수면 상태임을 보여준다. 그러나 EEG가 보여주는 2단계의 잠은 아직도 얕은 잠으로, 이 단계에 있는 사람들을 깨우면 10명 중 7명은 자신이 잠들지 않았고 그저 졸았거나 생각을 하고 있었다고 대답한다.

3단계와 4단계는 느린 파장의 잠으로, 3단계는 적당히 깊은 잠이고 4단계는 매우 깊은 잠이다. 이 단계에 있는 사람은 깨우기가 힘들며 깨워도 몇 분 동안은 제대로 정신을 차리지 못한다. 어떤 사람을 깨우다 보면 어떤 때는 쉽게 깨고 어떤 때는 아무리 흔들고 소리를 질러도 일어나기 힘든 경우가 있는데, 이는 당시에 그 사람이 어떤 수면단계에 있느냐에 달려 있다. 1~2단계에 있으면 쉽게 깨울 수 있지만 3~4단계에 있으면 깨우기가 힘들다.

수면에는 주기가 있는데 대개의 사람들은 90분을 주기로 가벼운 잠으로 시작해서 점점 더 깊은 잠으로 갔다가 다시 얕은 잠으로 돌아와서 꿈으로 끝을 맺는다. 아침에 깨어날 때는 대개는 꿈을 꾸는 도중에 잠에서 깨어난다. 꿈을 꾸는 수면단계는 REM 수면이라고 해서 앞에서 언급한 4단계와는 구별된다. REM 수면단계와 구별해서 수면의 4단계를 NREM 수면이라고 하며, 이 상태에서는 꿈을 꾸지 않는다. 대략 잠의 30%를 꿈꾸면서 보내고, 20% 정도는 깊은 잠을, 나머지 50%는 얕은 잠을 잔다.

3) 기타 수면장애 관련 불면증

(1) 호흡관련 수면장애

호흡관련 수면장애는 각성 시에는 아무런 지장이 없지만 수면 중에 호흡에 지장을 받는 것으로, 이 장애를 앓는 환자는 수면 중에 호흡이 어려워서 무의식중에 잠시 깨는데, 이로 인해 지속적인 수면에 장애를 겪게 되고 낮 동안에는 수면부족으로 인해서 계속 졸리는 경향이 있다. 대개 비만인 중년 남성들에게서 흔히 보이는데, 정작 그들은 자신의 수면장애를 모르고 단지 낮 동안에 지나치게 졸린 것 때문에 불평을 호소한다.

(2) 초조성 다리 증후군

초조성 다리 증후군restless leg syndrome은 다리에 불편하고 고통스러운 감각이 느껴져서 이러한 이상감각을 덜기 위해서는 다리를 하는 수 없이 움직여야 하는 증후군이다. 이로 인해서 자다가 깨기도 하고 입면에 어려움을 겪는 등 수면에 지장을 받는다. 이러한 다리의 불쾌한 감각은 깨어 있을 때도 느낄 수 있지만 대개는 밤에 더 악화되기 때문에 흔히 불면증을 호소한다.

(3) 일주기 리듬 수면-각성 장애

알주기 리듬 수면-각성 장애circadian rhythm sleep-wake disorder는 수면과 각성의 일정이 하루를 주기로 돌아가는 생체리듬과 맞지 않는 것으로, 잠자기를 원할 때 깨어 있거나 수면을 취하지 못하게 된다. 예를 들면, 비행기 여행으로 인한 시차 적응 시나 야간근무조로 갑자기 이동되는 경우에 외적인 환경과 평소의 수면각성주기가 맞지 않아 불면증을 호소한다. ◈

불면증은
왜 생기는가

2

1. 불면증의 인지행동적 이해

앞에서 불면증이 원발성 불면증과 이차성 불면증으로 나뉘고, 또 각각은 기저 원인이나 관련 특징에 따라서 다양한 이름의 불면증으로 다시 분류되고 있음을 보았다. 그만큼 불면증의 원인은 다양하고 그에 따라서 불면증의 형태나 치료적 접근에서도 차이가 많기 때문에, 불면증을 설명하는 하나의 개념적 틀을 마련하기는 쉽지 않다. 뇌의 기능적인 장애를 초래하고 신경학적인 원인과 관련이 높은 특발성 불면증에서부터 운동장애로 인한 이차적인 불면증이나 높은 긴장으로 인한 심리생리적인 불면증에 이르기까지, 불면증의 원인으로 이해되는 것은 기질적인 것에서부터 심리적인 것에 이르기까지 다양하다.

이와 같이 불면증은 원인의 다양성 때문에 불면이라는 공통된 현상을 이해하는 데 많은 제약이 따른다. 특히 만성불면증의 경우는 처음에 불면증을 초래한 원인이 분명히 사라졌음에도 계속해서 불면증을 보이는 경우가 흔하며, 의학적인 원인이 있는 경우도 심리적인 요인으로 인해서 불면증이 악화되거나 만성화되는 경우가 많기 때문에 이를 설명하기 위해서는 불면증에 대한 다른 개념적인 틀이 요구된다.

　이에 대한 한 가지 제안으로 나온 것이 심리치료의 새로운 주류를 이루고 있다고 해도 과언이 아닌 인지행동적인 개념적 이해와 이에 기초한 인지행동치료다. 인지행동 심리치료는 대부분의 정신과적 질환에 응용되어서 이미 치료 효과가 임상적으로 입증되었으며, 임상장면에서 가장 널리 활용되고 있는 심리치료 가운데 하나다. 만성불면증 치료에도 인지행동치료가 우선적으로 적용되고 있는데, 대부분의 불면증 치료기관에서 공통적으로 활용되고 있으며, 치료 효과도 일관되게 경험적인 지지를 받고 있다.

　특히 주목할 것은, 불면증을 직접적으로 초래한 병리나 나쁜 수면위생 혹은 환경적인 요인에 대한 치료적인 조치와는 별도로, 불면증에 대한 인지행동적인 치료를 병행하는 것이 불면증을 완화시키고 재발을 막는 데 훨씬 도움이 된다는 점이다. 즉, 불면증의 직접적인 원인이 무엇이든 간에 심리적인 요인이 불면증을 더욱 악화시키고 만성화시킬 가능성이 높기 때문에, 이에 대한 심리치료적인 개입으로 인지행동치료를 병행하는 것이 불면증 치료에 많은 도움이 된다.

인지행동치료는 심리치료의 한 유형으로 심리적 또는 신체적 불편감을 없애거나 줄이기 위해서 생각과 행동을 바꾸는데 주안점을 두는 상담 형식의 치료다. 만성불면증에 대한 인지행동적인 이해의 기저에는 불면증이 지나친 불안감이나 긴장, 우울감, 무력감, 신경과민 등의 다양한 심리적 불편감으로 인해서 초래될 수 있으며, 특히 일시적인 스트레스로 인한 불면증을 만성적인 불면증으로 발전시키는 데 이러한 심리적인 불편감과 역기능적인 태도나 사고들이 상당 부분 기여하고 있다고 가정한다.

여기서 역기능적인 태도 혹은 사고라는 말은 불면증과 관련된 심리적 불편감을 일으키고 악화시키는 데 직접 관여하고 있는 부적응적인 생각들을 일컫는다. '생각을 바꾸면 세상이 달라진다'는 유행어를 들은 적이 있는데, 이 말은 결코 거짓말이거나 과장된 말이 아니다. 부적응적 또는 역기능적인 자신의 생각을 바꾸면 심리적으로 이전보다 훨씬 편해지고 안정되면서 불면증을 일으켰던 심리적인 불편감이 그만큼 완화되기 때문에 불면증이 점차 치료된다.

1) 불면증에 기여하는 세 요인

불면증은 '불면증의 3P 모델'로 일컬어지는 스트레스-취약성 모델로 흔히 개념화되고 있다. 이 모델은 불면증의 발달과 유지에 대한 쉬운 이해 틀을 제공해준다. 3P 모델은 소인적predisposing 요인행동적 및 유전적인 소인, 촉발precipitating 요인불면증을 일으키는 심각하고 흔히 외상적일 수도 있는 생활 사건들, 지속perpetuating 요인행동, 기분, 사고, 신념으로 구성되어 있다. [그림 1]은 불면증

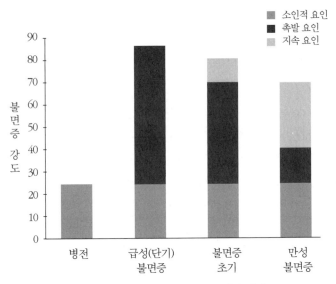

[그림 1] 불면증 발달에서 3P 요인의 기여

출처: Miller, Espie, & Kyle (2014).

발달 과정에서 세 요인이 기여하는 정도의 변화를 보여주고 있다. 불면증을 일으켰던 스트레스 사건이 사라지면 불면증 증상도 사라지는 급성불면증의 경우는 촉발 요인과 소인적 요인으로 인해 발생하며 지속 요인은 거의 관여하지 않는다. 불면증이 만성화될수록 불면증에 미치는 촉발 요인의 영향은 줄고 지속 요인의 영향은 더욱 커진다.

(1) 소인적 요인

소인적 요인은 불면증에 취약한 개인의 성격특징을 일컫는 것으로, 그 대표적인 것이 높은 각성수준이다. 각성수준이 높으면 그만큼 불면증에 걸리기 쉬운데, 주위에서 흔히 과민하다고 이야기하는 사람을 떠올리면 이해하기 쉽다. 예민한 사람은 조그만 일에도 심하게 놀라고, 걱정하며, 이로 인해서 신경과민에 빠지는 경향이 다른 사람보다 많다. 수면은 각성 상태의 반대인 이완 상태에서만 가능하기 때문에, 신경과민인 사람처럼 각성수준이 높으면 잠을 청하거나 깊은 잠을 계속해서 유지하는 데 어려움이 많다. 불면증이 있는 사람은 양호한 수면을 취하는 사람보다 밤은 물론이고 낮에도 생리적인 각성수준이 더 높다.

불면증이 있는 사람은 정상 수면자보다 강박적으로 한 가지 생각에 계속해서 몰두하는 경향이 심하고, 사소한 일에도 과도하게 걱정을 하며, 매우 조심스럽고 쉽게 불안해한다. 사람들과의 관계에서 언짢은 일이 있거나 불만이 있으면 이를 직접적으로 표현하지 못하고 가슴에 묻어두고 속으로 삭이는 경향이 강하다. 이렇게 속에 쌓여 있는 화난 감정이나 불쾌한 감정들은 가슴이 답답하고 심하게 두근거리거나 소화가 잘 안 되는 등의 신체적인 증상으로 표현된다. 이처럼 심리적인 갈등이 신체적인 불편감으로 드러남으로 인해 각성 상태는 더욱 높아져 정상적인 수면이 어렵고 불면이라는 불청객을 밤마다 맞게 된다.

(2) 촉발 요인

촉발 요인은 최초에 불면증을 일으키는 스트레스 사건을 의미한다. 불면증이 있는 사람 대부분은 불면증이 처음 생길 당시의 스트레스를 기억한다. 흔히 이별, 사별, 이혼 등의 개인적인 상실 경험과 관련된 스트레스 사건이 불면증 발병과 가장 관련이 높고, 다음으로 가족이나 건강, 일과 관련된 스트레스가 많다.

앞에서도 언급했듯이 대부분의 경우, 이러한 스트레스로 인한 불면증은 스트레스가 사라지거나 스트레스에 적응하고 나면 불면증도 따라서 없어진다. 하지만 불면증에 취약한 성격적 특징을 갖고 있는 사람, 즉 소인적 요인에서 각성수준이 높은 사람은 스트레스 사건이 해결되었음에도 지속적으로 불면증을 경험하면서 만성불면증을 앓기 쉽다.

(3) 지속 요인

마지막으로 언급할 세 번째 요인인 지속요인은 일시적 불면증을 만성불면증으로 발전시키는 데 기여하는 주요 요인이다. 장기적으로 지속되는 스트레스도 물론 있지만, 대부분의 스트레스는 시간이 가면 자연스레 시들해지고, 또 개인이 이 스트레스에 어느 정도 적응하면서 스트레스로 인한 충격이 감소한다. 그러나 만성불면증 환자는 처음에 불면증을 초래한 직접적인 계기가 된 스트레스의 영향이 감소하거나 사라진 뒤에도 계속해서 불면증을 호소하는데, 이 경우에는 불면증을 지속시키는 요인이 촉발 요인보다 불면증 치료에 더 중요한 의미를 갖는다.

불면증을 지속시키는 요인에는 부적응적인 수면습관, 수면상실에 대한 걱정이나 두려움, 수면부족으로 인해서 생활을 제대로 못할 것이라는 불안감 등이 주로 포함된다. 불면증 환자는 며칠 밤잠을 못 자면 이를 보상하기 위해서 낮잠을 잔다거나 잠들지는 않은 채 침대에 누워서 오래 있는 등의 행동을 보인다. 이러한 행동들은 처음에는 부족한 수면을 약간은 보상해주지만, 장기적으로 보면 나쁜 수면 습관으로 자리 잡아

서 불면증을 만성화시키는 주요 원인이 된다. 예를 들어, 낮잠
을 많이 잘수록 밤에는 더욱 잠을 이루기 힘들어지며, 자지 않
으면서 침대에 오래 누워 있을수록 침대는 수면이 아닌 각성
상태와 연합되어서 수면을 더욱 방해한다.

결국 불면증은 처음에는 스트레스 사건촉발 요인에 의해서 일
어나는데, 스트레스에 건강하게 대처하는 정도는 개인의 성
격적 특징소인적 요인에 따라서 차이가 있으며, 이에 따라서 불
면증을 경험하는 정도도 다양하다. 물론 불면증에 취약한 성
격을 가진 이들은 불면증을 일으키는 다양한 스트레스에도 취
약하고, 이로 인해서 불면증도 훨씬 쉽게 그리고 심하게 경험
할 것이다.

스트레스로 인한 일시적인 불면증은 나쁜 수면습관과 역기
능적인 생각과 같은 지속 요인에 의해서 장기화되고 결국 만
성불면증으로 발전한다. 일단 만성불면증으로 발전하면 스트
레스 사건과 상관없이 불면증을 경험하기 때문에 환자는 수면
에 대해서 자신이 어떻게 손을 쓸 수 없다는 통제 불능감으로
더욱 불안감과 무력감을 느끼며 스트레스를 받게 된다. 이러
한 부정적인 감정은 환자의 각성 상태를 한층 더 높여 더욱 잠
이 오지 않게 되는 악순환이 반복되면서 불면증이 더욱 만성
화되어 간다.

2) 각성과 불면증

수면은 각성 상태와는 반대되는 이완 상태에서만 가능하며, 수면 상태 그 자체가 신체적으로든 정신적으로든 최대한 이완되어 있음을 나타낸다. 따라서 어떤 이유에서건 우리의 신체나 의식 상태가 각성되어 있으면 잠들기가 어렵고, 잠이 들었다 하더라도 지속적으로 깊은 잠을 잔다는 것은 어려운 일이다.

자신의 의지와는 상관없이 각성되는 이유는 여러 가지가 있다. 불안장애, 우울증, 정신분열증 등의 정신과적인 질환으로 인해서 높은 각성수준이 지속적으로 유지될 수도 있고, 흥분제나 다른 약물 복용으로 인해서 각성수준이 높아질 수 있으며, 소음이나 채광과 같은 환경적인 요인에 의해서 높은 각성 상태가 유지될 수도 있다.

이처럼 높은 각성 상태가 외적인 요인이나 다른 정신병리로 인해서 유지될 수 있지만, 심리적인 혹은 성격특징으로 인해서 남들보다 쉽게 흥분하고 각성 상태가 만성적으로 높게 유지되는 사람들도 있다. 이들은 1장에서 언급한 심리생리적 불면증에 걸릴 가능성이 특히 높은 사람들이다. 어떤 이유에서 각성 상태가 높아지든, 불면증을 치료하기 위해서는 각성수준을 낮춰주는 것이 무엇보다 중요하며, 불면증에 대한 다

양한 치료 접근들은 모두 이를 위한 처치라고 보아도 과언이
아니다.

이 장에서 소개하고 있는 불면증에 대한 인지행동적 접근
은 그 대표적인 예라고 할 수 있다. 불면증과 관련해서 다양한
원인들이 있으며 그에 따라서 불면증을 여러 가지 유형으로
분류하지만, 한 가지 공통점은 높은 각성수준이 불면증을 만
성적으로 유지시킨다는 점이다. 불면증에 대한 인지행동치료
에서는 이 점에 주목하고 환자의 높은 각성수준을 낮춰주는
다양한 심리치료기법들을 활용해서 불면증을 치료하고 있다.

각성 상태는 일반적으로 생리적 각성, 인지적 각성, 정서적
각성으로 나뉜다. 일반적으로 이 3가지 모두 불면증을 일으키
는 것으로 받아들여지며, 이 중에서도 특히 인지적 각성이 불
면증과 관련이 높다. 세 유형의 각성 상태는 각각 기술적으로
는 구분되지만, 실제 경험에서 보면 서로 영향을 주고받기 때
문에 엄격히 구분되지 않는다.

(1) 생리적 각성

생리적 각성은 증가된 자율신경계의 활동을 반영하며, 이
는 수면을 저해한다. 수면은 자율신경계 활동의 감소와 관련
되기 때문에, 이와 반대되는 생리적 각성 상태가 불면증을 일
으킨다는 가정은 일반적으로 받아들여지고 있다. 이전 연구

들은 생리적 각성수준과 불면증 간의 관계에 관해서 일관된 결과를 보고하고 있다.

생리적 각성수준을 측정하는 데는 심박률, 피부전도도, 근육긴장도 등의 생리적 측정치들이 주로 이용되고 있다. 잠을 잘 이루는 사람에 비해서 불면증이 있는 사람은 수면 전과 수면 동안에 더 빠른 심박률, 더 높은 근육긴장도와 피부전도도를 보였다. 자율신경계의 활성화를 반영하는 또 하나의 지표는 체온인데, 불면증 환자는 잠을 잘 자는 사람보다 체온이 더 높다. 신체의 온도가 내려가면서 잠이 들고 신체의 온도가 올라갈수록 더 각성된다. 한여름 밤에 열대야 현상으로 잠을 못 이룬 경험을 떠올리면 쉽게 이해될 것이다.

이처럼 자율신경계의 과잉활성화는 불면증과 관련이 높으며, 실제로 불면증 환자는 밤 동안뿐만 아니라 낮 동안에도 과잉 각성되어 있는 경향이 많다. 이는 불면증 환자가 평소에 생활할 때도 정상적인 수면을 취하는 사람에 비해서 각성수준이 더 높음을 나타낸다.

이 연구들은 불면증을 치료하기 위해서 생리적 각성수준을 낮춰주는 치료 개입이 필요함을 보여준다. 이완훈련은 대표적인 것으로, 불면증 환자를 대상으로 이미 널리 실시되고 있으며 그 유용성도 폭넓은 지지를 받고 있다. 이완훈련으로 널리 사용되고 있는 기법에는 제이콥슨Jacobson 박사가 개발한 점진적 긴장이완훈련과 슐츠Schultz 박사가 20여 년의 임상 경험을 통해서 개발한 자율훈련이 있다. 이 2가지 훈련의 구체적인 기법은 불면증에 대한 행동치료를 소개하는 장에서 상세히 다룰 것이다.

(2) 인지적 각성

인지적 각성이란 여러 가지 생각이 머릿속을 꽉 채우고 있는 상태와 같다. 잠을 자려고 누우면 그날 있었던 사소한 일들이 떠오르면서 자기가 다르게 행동했더라면 하는 후회에서부터, 내일 있을 일들에 대한 쓸데없는 걱정에 이르기까지 다양한 생각이 쉬지 않고 밀려든다. 그런 생각들로 인해서 머리는 더욱 복잡해지고 정신이 말똥말똥해지는데, 이렇게 높아진 각성 상태는 수면을 방해한다. 만성불면증 환자는 '오늘도 잠을 못 자면 어떻게 하나' '잠을 못 자서 내일 일을 망치면 어떡하나' 등 불면증에 대한 걱정과 관련된 생각에 특히 지나치게 몰두하는 경향이 있으며, 이로 인해서 오히려 잠을 더 못 잔다. 이와 같이 머릿속이 어지러울 정도로 생각이 지나치게 난무한 상태를 인지적으로 과잉활성화되어 있다고 이야기한다.

스트레스 상황에서 일시적으로 이러한 경험을 하는 것은 흔히 있는 일이다. 하지만 만성불면증과 관련된 이러한 생각들에는 스트레스 상황에서의 경험과는 다른 몇 가지 특징들이 있다. 만성불면증 환자의 경우, 같은 생각이 반복해서 떠오르며 이것을 자신의 의지로 통제하기 어렵다. 흔히 생각이 머릿속으로 침투해 들어오는 것 같다는 표현을 쓰기도 한다. 생각의 내용은 주로 걱정거리와 관련된 것이 많은데, 잠을 안 자고 걱정한다고 해서 해결되는 것도 아니고 지금 당장은 잠을 자야 한다는 것을 누구보다도 본인이 잘 알고 있지만, 그런 걱정들을 쉽게 떨쳐버리지 못하고 긴긴 밤과 씨름한다.

이와 관련해서 치료적인 함의를 시사하는 한 연구가 있다. 불면증이 있는 사람과 수면에 문제가 없는 사람으로 구성된 두 집단을 만들고, 잠자리에서 이들에게 쉬운 산수문제를 풀게 했다. 그 결과 정상 수면자들은 잠드는 데 걸린 시간이 평소보다 길어졌지만, 불면증이 있는 사람은 오히려 평소보다 빨리 잠이 들었다. 산수문제를 풀게 한 것이 불면증에 도움이 된 것이다. 여기서 제시하는 산수문제는 아주 쉬운 것이어서 큰 스트레스를 주지 않아야 한다는 점이 중요하다. 이와 같은 가벼운 스트레스는 불면증 환자가 평소에 잠들기 전에 몰두하고 있던 생각들을 떨쳐버리게 함으로써 각성수준을 낮춰줄 수 있었고, 그 결과 평소보다 더 빨리 잠들게 한 것이다.

불면증이 있는 사람에게 잠자리에서 100에서 3씩 빼보는 간단한 산수문제를 풀어보게 하거나, 풀밭에 양들이 뛰노는 것을 그려보고 그 양들의 수를 헤아려보게 한다거나, 자기 전에 가벼운 읽을거리를 읽게 하는 등의 방법들은 이러한 실험 결과에서 본다면 불면증 치료에 효과적인 방법으로 여겨진다.

하지만 불면증 환자에게 자기 전에 가벼운 스트레스를 주어서 기존에 몰두하고 있던 걱정거리로부터 주의를 멀리하게 함으로써 잠을 청하는 데 도움을 준다는 이론적인 설명은 충분히 설득력이 있지만, 이러한 방법이 지속적으로 잠을 청하는 데 도움이 되는지, 그리고 모든 불면증 환자에게 효과가 있는지에 대해서는 아직 의문이 많다.

인지적 각성수준을 낮추기 위해서 주변에서 가장 흔히 사용되고 있는 방법은 명상이다. 단학이나 요가와 같이 명상이 주가 되는 수련에서부터 검도, 태극권, 국선도 등과 같이 체력단련과 함께 부분적으로 명상을 겸하고 있는 심신수련 방법도 있다. 어떤 것이든 불면증 환자가 흔히 보이는 과도하게 걱정하고 무익한 생각에 반복적으로 몰두하며 집착하는 경향으로부터 주의를 돌리게 해줌으로써 불면증 해소에 긍정적인 영향을 줄 수 있다. 명상 외에도 잠자기 전에 떠오르는 잡생각으로부터 관심을 돌릴 수 있으면서 너무 흥분시키거나 자극적이지 않은 활동이라면, 잠자기 전의 각성수준을 낮춰 불면증을 극복하는 데 도움이 될 것이다.

(3) 정서적 각성

정서적 각성은 정서적으로 고양되거나 흥분한 상태를 떠올리면 이해가 쉬울 것이다. 너무 불쾌한 일이 있어서 감정이 격앙되어 잠을 못 잘 수도 있지만, 매우 기쁜 일이 있어도 일시적으로 잠에 지장을 받을 수 있다. 불면증을 앓고 있는 사람을 보면 사소한 일에도 쉽게 흥분하고 화를 내거나 우울해지는 등 스트레스나 기타 자극에 지나치게 예민하게 반응을 보인다. 이는 정서적으로 쉽게 각성되는 것을 보여주며, 이로 인해서 만성불면증을 경험할 소지는 더 높아진다.

정서적 각성수준을 낮춰주고 심리적으로 보다 안정되게 만들어주기 위해서 다양한 심리치료가 실시되고 있으며, 뒤에서 소개할 인지치료가 그 대표적인 방법이다. 인지치료에서는 분노감, 불안감, 두려움, 우울감, 공허감 등의 불쾌한 감정 이면에는 이러한 감정을 유발하는 생각 혹은 인지가 있다고 가정한다. 더군다나 깨어서 생활하는 시간의 대부분을 이러한 불쾌한 감정 중 일부에 사로잡혀서 불행하게 보내고 있다면, 그러한 감정 이면에 있는 생각이나 인지가 객관적인 현실에 비추어서 왜곡되거나 부정적으로 치우쳐 있을 가능성이 높다.

필자가 상담한 한 내담자의 예를 보자.

A는 자신이 아무짝에도 쓸모없는 인간이라는 생각에 사로잡혀 있었으며, 이로 인해 만성적인 우울감을 비롯해서 다양한 심리적인 불편감을 호소하였다. 그중에는 만성적인 불면증도 포함되어 있다. A는 명문대에 재학 중이면서도 자기 머리가 나쁘다고 생각했으며, 대학에 들어오는 것은 누구나 할 수 있는 일이라며 자신의 능력을 과소평가하였다. 또한 주위 사람들이 자신을 못나고 열등한 사람으로 본다고 지각하여 그들에 대해서 속으로 화가 많이 나 있었다.

하지만 A는 이를 적절히 표현하지 못하고 억압하는 경향이 심했으며, 그 결과로 만성적으로 긴장 수준이 높게 유지되고 있었다. A는 자신이나 주변 사람들에 대한 부정적으로 왜곡된 생각으로 인해서 만성적인 우울감, 분노, 불안, 불면증 등에 시달리며 2년째 힘든 대학생활을 보내고 있다.

A의 경우는 진단적으로 우울증이 주가 되고 우울증의 한 증상으로 불면증을 보이고 있지만, 불면증에 대한 인지행동치료를 따로 병행하여 상담을 진행하였다. A는 자신이 무가치하다는 생각에 오랫동안 몰두해 있었고, 이것이 마치 진실인 양 경직되게 받아들이고 있어서 만성적인 우울감에 빠질수밖에 없었다. 심리치료를 통해서 자신의 긍정적인 점들을

확인하고 자신이 그래도 가치 있는 존재라는 것을 스스로 확인할 수 있도록 도와준다면, A는 우울증과 불면증에서 벗어날 수 있을 것이다.

3) 자극통제

만성불면증 치료에서 공통적으로 사용되고 있는 것이 자극통제stimulus control기법이다. 자극통제는 불면증을 초래하고 지속시킨다고 여겨지는 자극이나 상황을 통제함으로써 수면을 돕는 것인데, 이해를 돕기 위해 좀 더 설명을 하겠다.

1장에서 불면증을 초래하는 나쁜 수면 습관으로 침대에서 책을 읽거나 TV를 시청하는 것, 다음날 있을 업무를 준비하는 것 등과 같이 수면과 양립할 수 없는 활동들을 언급했었다. 이와 같이 잠자리에 들어서 수면과 관련되지 않은 다른 활동을 하는 것은 흔히 각성 상태를 높여서 수면을 방해한다. 이를 막기 위해서 잠자리에서는 수면과 관련되지 않은 활동은 하지 못하도록 엄격히 제한하는 것이 자극통제 기법이다. 자극통제기법은 학습심리학에서 발전한 조건형성 원리에 그 이론적 배경을 두고 있다. 조건형성에 대해서는 1장에서 심리생리적 불면증을 설명하면서 이미 기술한 바가 있기 때문에 여기서는 생략한다.

좋은 수면자는 수면과 관련된 자극들인 침실, 이불, 침대, 취침시간 등이 수면을 유도하는 역할을 한다. 이런 자극이 수면을 유도하는 이유는 수면과 그러한 자극들이 습관처럼 우리에게 익숙하게 연합되어 있기 때문이다. 여기서 연합되어 있다는 것은 자극과 반응이 짝지어져 있어서, 그 자극을 접하면 자동적으로 그와 짝지어진 반응을 하게 되는 것을 의미한다. 취침시간에 침대에 들어가 누워서 이불을 덮고 있으면, 이러한 자극과 연합되어 있는 졸음이나 수면이라는 생리적 반응이 자동적으로 일어나서 졸음이 엄습해오고 곧 잠이 들게 된다. 이에 비해서 불면증이 있는 사람의 경우는 수면을 유도해야 할 자극들이 잘못된 연합에 의해서 수면을 유도하는 역할을 제대로 못한다.

침실에서 침대에 기댄 채 TV를 보거나 일을 하는 데 익숙해 있는 사람의 경우를 예로 들어보자. 이 사람에게 있어서 침대와 연합되어 있는 것은 TV 시청과 일하기 활동인데, 이러한 활동은 각성 상태에서만 가능한 활동들이다. 따라서 자려고 침대에 누우면 두뇌는 TV를 보거나 일을 하고 있는 신체적 상태를 떠올려서 그때의 각성 상태와 관련된 생리적 반응들을 보이게 된다. 따라서 불면증을 치료하기 위해서는 침구나 그 외의 수면을 유도하는 자극을 다시 수면과 연합시켜주어야 한다.

바로 이 점에 착안하여 심리학자 붓진Bootzin은 불면증에 대한 가장 유명한 개념적 모델인 자극통제 패러다임을 만들었다. 불면증 치료를 위해서 자극통제기법을 구체적으로 어떻게 적용하는지는 뒤에 언급할 행동치료 부분에서 상세히 기술하도록 하겠다. 우선은 자극통제가 수면과 각성을 이끄는 활동 간의 연합을 차단하고 수면을 유도하는 자극과 수면을 다시 연합 학습시키는 것이라는 점과, 이것은 불면증에 대한 인지행동치료에서 빼놓을 수 없는 중요한 치료 절차라는 점을 기억해두기 바란다. ◆

2. 만성불면증의 인지행동적 이해

앞에서 불면증과 관련하여 불면증을 일으키기 쉬운 성격적 특징인 소인적 요인, 불면증을 직접적으로 일으키는 스트레스 사건을 의미하는 촉발 요인, 불면증을 만성적으로 지속시키는 개인의 심리적인 특징들을 일컫는 지속 요인을 상세히 기술하였다.

만성불면증에 대한 인지행동치료에서는 이 중에서 세 번째 요인인 지속 요인에 초점을 두고 치료한다. 소인적 요인과 촉발 요인은 이들을 치료하는 데 상당한 제한이 따른다. 개인의 타고난 성격특징을 갑자기 바꾸는 것은 매우 힘든 일이며, 이미 벌어진 스트레스 사건은 더 이상 돌이킬 수 없는 것이 대부분이기 때문이다. 하지만 일시적 불면증을 만성불면증으로 발전시키는 데 주요한 역할을 한다고 여겨지는 지속 요인에 대해서는 얼마든지 치료 개입이 가능하며, 이러한 개입을 통해서 일시적 불면증이 더 이상 만성화되지 않는다면 만성불면증은 치료할 수 있다.

인지행동치료는 인지치료와 행동치료로 구성되어 있는데, 구체적인 것은 3장에서 상세히 기술하기로 하고 여기서는 간략하게 소개하는 수준에서 그치겠다. 불면증의 원인으로 높은 각성 상태를 앞에서 계속해서 강조해왔다. 높은 각성 상태를 초래하거나 유지시키는 것은 다양한 원인에 기인하는데, 특히 개인의 역기능적인 생각이나 사고의 역할이 크다. 역기능적인 생각으로 인해서 사소한 사건이나 자극에도 쉽게 마음의 상처를 입고 자책하거나 불안하고 우울해지는 등 심리적 불편감을 심하게 경험하게 되는데, 이러한 요인은 각성 상태를 높여서 불면증을 가져오기 쉽다. 인지치료는 바로 이러한 심리적 불편감을 낳게 하는 주범이 역기능적 사고라고 가정하고, 이러한 역기능적 사고를 보다 적응적이고 합리적인 사고로 바꾸어줌으로써 불필요한 각성 상태를 없애고 불면증을 완화시키는 데 초점을 맞춘다. 불면증과 관련된 역기능적 사고에 대해서는 3장에서 상세히 기술하겠다.

행동치료는 불면증 환자의 부적응적인 행동을 변화시키거나 대안적인 행동을 학습시킨다. 이에 비해서 인지치료는 내담자가 가지고 있는 부적응적인 생각에 개입하는 치료다. 자극통제기법과 긴장이완훈련은 불면증 환자에게 가장 일반적으로 활용되고 있는 행동치료기법이다. 높은 각성 상태를 완화시키기 위해서 점진적 긴장이완훈련이나 자율훈련이 주로 활용되고 있으며, 수면을 적절히 유도할 수 있도록 수면관련 자극과 수면을 다시 정상적으로 연합시키기 위해서 자극통제 기법이 활용된다.

불면증에 대한 인지행동치료의 기본적인 철학 중의 하나는, 자기의 문제를 해결하기 위해서는 스스로가 적극적으로 노력해야 한다는 점이다. 이러한 노력의 결과로서 수년 동안 앓고 있던 불면증을 극복하는 것이지, 단순히 수면제에 의지해서 일시적으로 수면을 취하는 것과 같이 나는 가만히 있어도 되고 약이 날 어떻게 해주겠지 하는 식의 안일하고 피동적인 태도는 절대 금물이다. 그렇게 해서는 심리적인 원인이 큰 비중을 차지하고 있는 만성불면증은 절대 치료가 안 된다. 인지행동치료는 불면증을 일으키고 만성화시키는 나쁜 수면습관과 부적응적인 생각이나 태도를 바꾸는 것이다. 이를 위해서는 무엇보다도 당사자의 노력이 우선시된다. 그렇다면 어떤 노력을 어떻게 해야 하는가?

이 책에서 소개하고 있는 불면증에 대한 인지행동치료는 불면증 치료를 위한 자가치료적인 교육 프로그램이라고 해도 과언이 아니다. 물론 불면증의 정도가 심하고 의학적인 원인이 의심되는 경우에는 전문치료기관을 찾아서 보다 정밀한 검

잠이란 완전한 의식의 상실이 아니다

잠귀가 밝은 사람의 예에서도 알 수 있듯이, 자는 중에도 우리는 시각, 청각, 촉각 등에서 비록 낮은 수준이긴 하지만 외부 세계에 대해서 정보를 받아들일 준비를 하고 있다. 이는 간단한 실험을 통해서 확인할 수 있다. 테니스공을 잠자는 사람의 한쪽 어깨 아래에 아주 살짝 밀어 넣어보라. 대부분은 몇 분 안에 슬그머니 돌아누워서 몸무게로 인해 느끼게 된 현재의 압박에서 벗어나려고 할 것이다. 이것은 깨어나지 않고도 그들의 촉각이 그들 자신에게 전하는 변화를 감지하고 조정하고 있다는 것을 뜻한다. 우리는 자는 중에도 여전히 의식을 가지고 있다. 다만 의식 수준에서 차이가 있을 뿐이다.

사와 평가를 받아야 하겠지만, 불면증의 정도가 비교적 심하지 않고 전문치료기관을 찾아가기가 여의치 않다면 이 책에서 권하는 인지행동치료 접근을 통해서도 불면증이 어느 정도 감소할 수 있으며, 경우에 따라서는 완전히 치료될 수도 있다. 문제는 얼마나 성실하고 지속적으로 수행하느냐다.

대부분의 불면증 환자는 수년에 걸쳐서 계속해서 앓고 있는 불면증을 단 며칠 만에 아주 손쉬운 처방으로 치료할 수 있기를 바란다. 이러한 기대를 가진 사람들에게는 인지행동치료가 매우 못마땅하게 여겨질 것이다. 왜냐하면 불면증 전문치료기관에서 엄격하게 짜인 일정에 따라서 운영되고 있는 인지행동치료 프로그램도 최소한 3개월 정도 걸리는데, 집에서 스스로 적용할 경우에는 적어도 그 이상의 치료 기간이 필요할 것이기 때문이다.

물론 불면증의 종류나 그 심각성에 따라서 차이가 있겠지만, 인지행동치료가 기본적으로 수면과 관련된 나쁜 행동 습관과 역기능적인 생각을 바꾸거나 새로 학습하는 것이기 때문에, 많은 시간이 필요하고 그만큼 인내와 스스로의 노력이 절대적으로 요구된다. 이러한 노력의 결과로 불면증이 없어졌다 하더라도 스트레스 상황이 닥치면 다시 일시적으로 불면증을 경험하게 될 가능성이 항상 있다. 이런 경우 인지행동치료에서 배운 것을 적용해서 불면증 상황에 의연하게 대처해나간다면, 스트레스가 사라지면 곧 다시 안락한 수면을 취할 수 있을 것이다.

불면증은 그러려니 하고 그냥 무심히 지나쳐버리면 의외로 쉽게 극복될 수 있는 문제이지만, 이와는 반대로 조금 잠을 못 잤다고 호들갑스럽게 걱정하고 집착하다 보면 오히려 더 악화되고 만성화되기 쉽다. 그냥 일상적으로 있을 수 있는 일이라는 것을 명심하면서 평소 하던 대로 생활하다 보면 자연스럽게 불면증은 사라질 것이다.

그 외에도 불면증을 초래하거나 지속시킬 수 있는 음식과 약물에 대한 의학적인 기본 지식을 가르쳐주고, 수면을 방해하는 환경적인 요인들을 적절히 통제하도록 도와주는 수면위생교육 프로그램이 불면증의 인지행동치료에 일반적으로 포함되어 있다. ◆

불면증을 어떻게
치료할 것인가

3

과학적으로 입증된 불면증 치료는 크게 2가지로 요약된다. 인지행동치료와 약물치료다. 그 외에 다양한 민간요법들이 있는데 여기서는 인지행동치료와 약물치료를 중심으로 소개하겠다. 인지행동치료는 수면과 관련된 부적응적인 사고, 행동, 신념들을 변화시키는 데 초점을 두며, 다양한 접근의 치료로 구성되어 있다. 인지행동치료에는 자극통제, 수면제한법, 이완훈련 같은 행동치료적 접근과 잘못된 기대나 생각들을 수정하는 데 초점을 두는 인지치료가 포함된다. 수면위생 교육은 전통적인 의미에서는 행동치료적인 접근이나 인지치료에 포함되지는 않지만 임상 현장에서는 불면증에 대한 심리적 및 행동적 치료에 대부분 포함되어 사용되고 있다.

불면증 환자의 70%가 인지행동치료를 통해서 호전을 경험했다(Morin, Vallieres, Guay et al., 2009). 인지행동치료가 단기적으로는 약물치료와 유사한 수준의 효과를 나타내며, 지속적인 효과 면에서는 약물치료보다 우수하다. 미국수면의학회와 미국국립보건원에서는 인지행동치료를 불면증에 대한 일차치료first-line therapy로 보고 있다.

다소 논란의 소지가 있지만 인지행동치료 접근의 다양한 요소들 중에서 자극통제, 수면제한법, 수면위생 교육은 일차 치료로 활용되고 있으며, 이완훈련과 인지치료는 단독으로는 그 치료 효과가 확실히 검증되지 않아서 이차치료로 흔히 분류된다(김지현, 서수연, 윤창호, 2013).

1. 행동치료적 접근

1) 행동치료 관점에서 본 불면증

(1) 나쁜 수면습관

사별, 이혼, 직업적인 스트레스, 부부갈등 등의 스트레스로 인해서 불면증이 흔히 초래되며, 이렇게 시작된 불면증은 처음에 원인이 되었던 스트레스가 없어지거나 개인이 그 스트레스에 적응하면 곧 사라지고 정상적인 수면을 되찾게 된다. 그러나 일부 불면증에 취약한 사람은 스트레스가 해결된 뒤에도 계속해서 불면증을 호소한다.

불면증이 생기면 대부분은 그로 인한 수면부족을 보충하기 위해서 또는 잠을 잘 자기 위해서 나름의 대처를 하는데, 이러한 행동들이 오히려 불면증을 만성화시키는 주요 요인이 되는 경우가 많다. 그중에서 가장 일반적인 것들에 취침시간과 기상시간이 불규칙한 수면 일정, 낮잠을 정기적으로 자거나 너무 많이 자는 것, 자지도 않으면서 침대 혹은 이불 위에서 많은 시간을 보내는 것, 침대나 침실에서 취침 이외의 활동을 하는 것 TV 시청, 독서, 일, 계획 세우기 등이 포함된다.

물론 불면증을 앓고 있는 모든 사람이 이런 행동을 보이지는 않지만, 많은 사람이 수면의 어려움을 해결하기 위한 대처로 앞에서 열거한 행동들을 보인다. 그런 행동들은 일시적으로는 불면증으로 인한 수면부족을 보충해줄 수 있다. 하지만 장기적으로 볼 때 이러한 나쁜 수면습관들은 일시적으로 끝날 불면증을 만성적인 불면증으로 발전시킨다. 따라서 이런 부적응적인 수면관련 행동습관의 수정은 만성불면증을 치료하기 위해서 꼭 필요하며, 이는 행동치료의 주요 목적이기도 하다.

(2) 불면증에 대한 2가지 행동치료

만성불면증에 대한 행동치료는 크게 2가지로 나눌 수 있다. 하나는 불면증을 일으키는 부적응적인 수면습관을 수정하는 것이고, 다른 하나는 만성적으로 높은 불면증 환자의 각성수준을 낮춰주기 위한 긴장이완훈련이다. 부적응적인 수면습관을 수정하기 위해서 주로 사용하는 치료법으로는 자극통제와 수면제한법이 있으며, 긴장이완을 위해서는 제이콥슨 박사가

개발한 점진적 근육이완법과 슐츠 박사가 개발한 자율 훈련법
이 가장 흔히 사용되고 있다.

부적응적인 수면습관 수정과 긴장이완법 모두 만성불면증
환자의 치료를 위해서 일반적으로 활용되고 있으며, 치료 효
과도 널리 지지받고 있다. 이러한 행동치료는 노력과 의지만
있다면 혼자서도 얼마든지 익힐 수 있어 병원이나 치료센터를
찾아가기 어려운 이들에게 더욱 용이하리라 생각된다. 물론
아무리 좋은 지식도 이론적으로는 이해를 해도 이를 실천하지
못하면 아무 쓸모없는 것처럼, 불면증에 대한 행동치료적인
다양한 기법도 실제로 생활 속에서 인내심을 가지고 지속적으
로 실천하는 것이 무엇보다 중요하다.

2) 수면제한법과 자극통제법

정상적인 수면활동도 심리학의 학습 이론에서 보면 일련의
활동들을 포함하고 있는 습관 형성으로 볼 수 있다. 이런 습관
은 학습심리학에서 이야기하는 조건형성 과정을 통해서 형성
된다. 이에 대해서는 앞에서 자세히 기술한 바가 있다.

자기 전에 우리가 의례적으로 하는 활동이나 일정하게 규
칙적으로 접하는 주변의 자극들은 수면을 유도하는 자극이다.
자기 전에 세수를 하고, 잠옷을 갈아입고, 문이 잘 잠겼는지

확인하고, 자녀들이 자고 있는 방을 한 번 둘러본 후 침대에 누워서 이불을 덮고 불을 끄는 것 등은 자기 전에 규칙적으로 하는 행동인데, 이런 행동 뒤에 항상 잠이 들었기 때문에 이런 활동을 마치면 습관적으로 신체는 잠을 자는 상태로 접어들게 된다. 또 잠을 잘 때의 주변 자극들도 잠잘 때 항상 같이 접했 던 것들이기 때문에 이러한 자극들에 둘러싸여 있다 보면 자 연히 졸음이 오는 것을 느낄 수 있다.

정상적인 수면을 위해서는 이런 수면습관이 제대로 형성되 어 있어야 하고 이것이 제대로 작동되어야 한다. 그런데 만성 불면증 환자의 경우는 나쁜 수면관련 행동으로 인해서 이런 정상적인 수면습관이 파괴되어 있다. 예를 들어, 취침시간과 기상시간이 불규칙하고, 낮에도 종종 잠을 자고, 침실 이외의 장소에서도 잠을 자며, 침대에서 수면과 관련되지 않은 다른 활동을 하는 것 등은 규칙적인 수면습관을 망친다. 그 결과 정 상적인 수면습관에서는 수면을 유도했을 자극들이 각성 상태 를 유지하는 역할을 하게 됨으로써 불면증이 지속된다.

자극통제와 수면제한법은 이렇게 형성된 나쁜 수면관련 행 동을 없애고, 수면관련 자극이나 활동들이 다시 수면을 정상 적으로 유도할 수 있도록 불면증 환자에게 정상적인 수면습관 을 재형성시켜주는 행동치료기법이다.

(1) 수면제한법

대개 불면증 환자는 잠을 며칠 못 자면 이를 보충하기 위해서 침대에서 많은 시간을 보낸다. 잠이 오지는 않지만 침대에 누워 있으면 수면부족으로 인한 피로감이라도 덜어질 것이라는 생각에서 필요 이상으로 침대에 오래 머물러 있는 경우가 흔하다. 또한 이들은 생활하기 위해 요구되는 수면시간을 채우려고 정상적인 수면자에 비해서 훨씬 오랜 시간을 침대에서 보낸다. 이를테면 잠자리에 들기 위해서 일찍 침대로 가고 늦게 침대에서 내려오는 경향이 있다. 그렇게 했는데도 잠이 모자란 것 같으면 낮잠을 자서라도 보충해서 총 수면시간을 채우려고 한다.

이와 같은 행동은 일시적인 불면증을 겪는 사람이 가장 흔히 보이는 대처행동이다. 이런 대처행동은 처음에는 부족한 수면을 보충해주는 데 효과가 있을지 몰라도 지속되면 수면습관을 망치기 때문에 불면증의 심각한 원인이 된다. 그래서 불면증 치료에서는 환자가 침대에 누워 있는 시간을 엄격히 제한하는 수면제한법을 활용하고 있다. 수면제한법은 불면증 환자가 침대에서 보내는 시간을 점차 제한함으로써, 침대에 누워 있는 시간과 실제로 잠을 잔 시간을 거의 일치시키는 데 초점을 맞춘다. 수면제한 과정에서 환자는 처음에는 어느 정도의 수면박탈을 경험하는데, 그 덕분에 더 빨리 잠들고 수면

수면제한법 적용 지침

1. 일주일간의 수면일지를 기록한다.

   수면일지 기록은 평균 수면시간과 수면효율성을 계산하기 위한 것이다.

   수면효율성은 실제 수면시간을 침대에 누워 있었던 시간으로 나누고 100을 곱한 것이다. 예를 들면, 실제 수면시간이 5시간이고 침대에 누워 있었던 시간이 8시간이면 5÷6×100= 62.5%가 된다. 수면효율성은 90% 이상이면 이상적이다.

2. 평균 수면시간을 계산한다. 평균 수면시간은 일주일 간의 총 수면시간을 7로 나눈 값이다.

   평균 수면시간을 수면제한 시간으로 정한다. 수면제한 시간은 5시간보다 적어서는 안 된다. 평균 수면시간이 4시간이라 하더라도 수면제한 시간은 5시간으로 정한다.

3. 수면제한 시간에 맞추어서 취침시간과 기상시간을 정한다. 예를 들면, 총 수면시간이 6시간이면 밤 12시에 자서 아침 6시에 일어난다.

4. 자극통제 규칙을 따른다. 예를 들면, 밤중에 깨어 15분 이상 잠이 들지 않으면, 일어나서 지루하거나 이완되는 활동을 한다. 침대에서는 독서, TV 시청, 음식 먹기, 전화 통화, 걱정하기 등은 하지 않는다.

5. 밤중에 깨더라도, 침대에서 보낼 수 있는 시간은 엄격하게 지킨다.

6. 낮잠은 금지한다.

7. 지난주의 수면효율성에 기초해서 수면제한 시간을 조정한다.

8. 수면효율성이 90% 이상이면 침대에서 보낼 수 있는 시간

을 15분 늘린다. 만약 수면효율성이 85~90%라면, 침대에서 보낼 수 있는 시간을 그대로 유지한다. 수면효율성이 85%가 안 되면 침대에서 보낼 수 있는 시간을 15분 줄인다. 최저 기준인 5시간을 적용하고 있다면 그대로 유지한다.

의 깊이나 지속성에도 향상을 보인다.

수면제한법은 대부분의 불면증 환자에게서 보이는 문제인, 잠을 자려고 노력하면서 침대에서 지나치게 오랜 시간을 보내는 것을 해결하기 위해서 Spielman과 동료들(Spielman, Saskin, & Thorpy, 1987)이 고안한 것이다.

수면제한법은 대개 한 번에 15분씩 주 단위로 수면을 제한하는데, 수면효율성이 아무리 형편없다 하더라도 5시간 이하로 침대에서 보내는 시간을 제한하지는 말아야 하고, 침대로 가는 시간과 침대에서 내려오는 시간을 정확히 지켜야 한다. 수면제한 초기에 낮 동안에 졸음이 오는 것은 지극히 정상적인 현상이며, 수면이 조금씩 향상되면서 자연히 이런 졸음은 없어지기 때문에 지나치게 걱정하지 않아도 된다. 수면제한을 하는 동안에는 잠이 와도 수면시간이 아니면 절대 침대로 가서는 안 된다. 잠이 오는데도 자지 말라고 하면 이해가 안 되고 불만스럽겠지만, 이는 밤 시간의 안락한 수면을 보장받기 위해서는 어쩔 수 없이 감내해야 할 부분이다.

(2) 자극통제법

자극통제의 기본 목표는 수면을 유도하는 자극과 수면 간의 연합을 재형성하고 강화하는 것이다. 이를 위해서 침대에서 깨어 있는 시간을 최소화하고 침대나 침실에서는 수면을 방해하는 활동을 못하게 하는 데 중점을 둔다. 자극통제 이론을 처음 정립시킨 Bootzin(1972)이 불면증 환자에게 말해주는 지시문을 인용해보면 다음과 같다.

지시문 1 "졸음이 올 때만 잠을 자러 가야 한다는 것을 명심하셔야 합니다. 졸리지 않으면 침대로 자러 갈 이유가 없습니다. 침대에 일찍 올라가면, 당신은 단지 그날 있었던 일에 대해서 필요 이상으로 생각을 많이 하고 내일 있을 일에 대해서 계획을 세우거나, 잠을 못 자는 자신의 문제를 탓하느라 걱정만 늘어갈 뿐입니다. 이렇게 잠자리에서 혼자 하는 걱정이나 잡념은 정신을 더욱 각성시켜서 수면을 방해합니다. 좀 더 전문적인 용어로 표현한다면, 침실 환경과 잠이 오지 않는 것을 연합시켜버리기 때문에 침실, 침대, 이불 등 수면을 유도하는 자극을 접해도 잠을 잘 수 없게 됩니다. 따라서 당신은 졸음이 밀려올 때까지 침대로 자러 가는 것을 미루어야 합니다."

지시문 1을 따를 때 한 가지 주의할 점은, 수면제한법에 따라서 침대로 가는 시간이 제한되어 있을 경우에는 졸음이 오더라도 수면제한법에서 허용하는 시간이 아니면 자러 가서는 안 된다는 것이다. 졸음이 오더라도 참아야 한다. 이러한 상황은 일시적인 것이라서 조금만 참으면 곧 적응이 될 것이다. '침대에 누워 있다 보면 언젠가는 잠이 오겠지. 잠이 안 오면 쉬기라도 하겠지' 하는 생각은 잘못된 생각이다. 침대에서 깨어 있는 채로 있으면 잠이 안 오는 것에 대한 불안감만 더욱 심해져서 불면증을 더 악화시킬 뿐이다. 자기통제 절차를 엄격히 따르는 것이 불면증에서 벗어날 수 있는 지름길임을 잊지 말아야 한다.

지시문 2 "자기 위해서 자리에 누웠는데 15분이 지나도 잠이 들지 않으면 침대에서 나와야 합니다. 다른 방으로 가서 비교적 활동이 많지 않은 일을 찾아보세요. 책을 읽거나 음악을 들을 수도 있고 영화를 감상할 수도 있습니다. 단, 너무 자극적인 활동은 수면을 방해할 수 있기 때문에 삼가야 합니다.

소파에서 자서는 안 됩니다. 잠이 오면 반드시 침대로 가서 자야 합니다. 이것을 밤 동안 필요할 때마다 반복해야 합니다. 처음에 자러 가서는 물론이고 자는 중에 잠이 깨었을 때도 똑같이 해야 합니다. 이렇게 한다는 것은 무척 힘들고 어려운 일입니다. 하지만 이 지시를 충실히 따르는 것이 당신이 빨리 잠들 수 있는 길임을 잊지 말아야 합니다."

잠이 안 올 때 침대를 빠져나온다는 것은 참 어려운 일이다. 침대에서 나왔다가 더 잠이 안 오면 어떻게 하나, 옆 사람을 깨우면 어떻게 하나, 너무 춥다, 달리 할 일이 없다 등의 다양한 이유를 둘러대면서 침대 속에 계속 머물러 있고 싶을 것이다. 하지만 이때마다 침대에서 나와야 하는 이유를 다시 상기해보아야 한다. 침대에서 나오는 것은 더 빨리 잠들기 위한 것이고 침대에서 뜬눈으로 있으면 있을수록 더욱 불안해져서 잠을 더 청하기 어렵다.

흔히 보이는 잘못은 침대 밖으로 기껏 빠져나왔다가 너무 빨리 침대로 돌아간다는 점이다. 흔히 불면증 환자는 마루를 몇 분 거닐다가, 이러다가는 더 잠이 안 들겠다는 두려움에 후다닥 침대로 다시 들어간다. 여기서 한 가지 명심해야 할 것은, 깨어서 오래 있을수록 잠이 빨리 든다는 것이다. 반드시 졸음이 올 때 자러 들어가야 한다. 하품이 나고 눈꺼풀이 무거워지기를 기다리며 다른 활동을 하고 있는 것이 좋다.

지시문 3　"아침에 규칙적으로 일어나야 합니다. 알람 시계를 맞춰놓고 주무세요. 그래서 매일 같은 시간에 일어나 침대에서 나올 수 있도록 해야 합니다. 주중이든 주말이든, 전날 밤에 일찍 잠이 들었든 늦게 잠이 들었든, 많이 잤든 적게 잤든 항상 같은 시간에 일어나는 것이 중요합니다. 전날 밤에 잠을 많이 못 잤기 때문에 침대에 계속 머물고 싶은 유혹을 많이 받을 테지만, 매일 일정하게 규칙적으로 일어나야 합니다."

지시문 4　"침대나 침실은 오직 수면을 위해서만 사용해야 합니다. 낮이든 밤이든 침대나 침실에서는 책을 읽어서도 TV를 시청해서도 안 되고, 일을 하거나 걱정을 하며 누워 있어도 안 됩니다. 성생활만이 이러한 규칙의 유일한 예외입니다. 여러분이 침대에서 앞에서 열거한 행동을 한다면, 침실 환경은 잠이 오는 것과 연합되는 것이 아니고 각성 상태와 연합이 됩니다. 침실에서 수면과 관련되지 않은 활동을 삼가는 것은 침실 환경과 수면의 연합을 강화시킬 것입니다. 당신이 배고픔과 부엌 혹은 특정 의자와 긴장이완을 강하게 연합시키는 것과 마찬가지로, 수면과 침실 환경 간의 강한 연합을 다시 형성시키는 것이 이 절차의 목적입니다."

어떤 불면증 환자는 침대에서 책을 읽거나 TV를 보는 것이 잠드는 데 도움이 된다고 말한다. 그래서 이런 습관을 버리는 것에 강하게 저항을 보인다. 물론 이런 활동 후 30분 이내로 잠이 든다면 별 문제가 되지 않을 것이다. 하지만 침대에서 TV를 보거나 책을 읽기 시작해서 한두 시간 정도 경과해야 잠이 든다면 그러한 활동은 이미 잠드는 데 별 도움이 되지 않는다고 보아야 한다. 침실에서 TV를 없애는 것도 한 방법이고, TV 시청이나 독서를 위해서 침실 외의 장소를 미리 정해두고 사용하는 것도 좋다.

> **지시문 5** "낮잠은 자지 않는 것이 가장 좋습니다. 낮잠을 한숨도 자지 않은 날은 밤에 더 졸립니다. 규칙적으로 낮잠을 자는 것은 자연스러운 수면각성 리듬을 손상시키고 밤 수면을 저해합니다. 그러나 낮에 졸음이 심하게 와서 도저히 참을 수 없다면 오후 3시 이전에 한 시간 이내에서 짧은 시간 동안 낮잠을 자는 것이 좋습니다."

깨어 있는 시간이 길수록 잠은 빨리 들 수 있다. 그래서 낮잠을 안 잘수록 밤에 잠이 빨리 든다. 늦은 오후나 저녁에 잠깐 잠을 잔 경우는 오전에 잠을 잔 경우보다 밤 수면에 지장을 더 많이 받는다. 젊은 불면증 환자의 경우는 낮잠 자는 것을

🔑 자극통제 적용 지침

1. 적어도 취침 1시간 전에는 침실이 아닌 다른 방에서 자극적이지 않은 활동(예: TV 시청, 독서)을 하거나 이완활동(예: 명상, 이완훈련, 조용한 음악듣기)을 한다. 전화 통화, 컴퓨터 작업, 과격한 신체활동, 직장과 관련된 일 등의 자극적인 활동은 취침 전에는 되도록 제한한다.

2. 졸린 느낌이 들 때에만 잠자리에 든다.

3. 침대는 수면과 성생활을 위해서만 사용한다. 독서, TV 시청, 전화 통화, 간식 먹기, 컴퓨터 작업, 걱정하기 등의 활동은 침대에서 하지 않는다.

4. 침대에 누워서 대략 15~20분 이내에 잠이 들지 않으면, 일어나서 다른 방으로 간다. 이때 시계를 보면서 뒤척이는 시간을 정확하게 측정하려고 애쓰는 것은 수면에 대한 걱정을 일으켜 수면을 더 방해할 수 있다. 대략적으로 15분 이상으로 오래 뒤척이고 있다고 여겨지면 일어나 다른 방으로 가면 된다.

5. 다른 방으로 가서는 지루해질 만한 일을 찾아서 한다. 예를 들면 자극적이지 않은 잡지나 책을 읽거나, 가벼운 내용의 TV 프로그램 시청하기 등을 할 수 있다. 이때 책을 읽거나 TV를 보다가 소파에서 잠들어서는 안 된다. 잠이 오면 침실로 가서 누우면 된다.

6. 졸림이 오면 침실로 돌아가 눕는다.

7. 기상 시간에 알람을 맞춰놓고 알람이 울리면 잠을 제대로 못 자서 힘들더라도 일어난다.

8. 낮잠을 자지 않는다.

더 자제해야 한다.

그런데 여기에는 몇 가지 예외가 있다. 첫째, 수면제한 초기에는 경우에 따라서 낮잠이 제한적으로 허용될 수 있다. 특히 낮 시간에 졸음이 심하게 와서 운전을 하거나 일을 하는 데 위험이 따르는 경우에 그렇다. 그러나 치료가 진행되면서 밤 수면이 늘어나면 자연히 낮잠이 줄어들게 되므로 이런 걱정은 안 해도 된다. 둘째, 나이 많은 성인의 경우 낮잠이 밤 수면을 비교적 덜 저해하기 때문에 낮잠이 선택적으로 허용될 수 있다. 셋째, 아주 예외적인 경우이지만, 어떤 불면증 환자는 낮잠을 잔 후에 밤잠을 더 잘 자는 경우도 있다. 이러한 예외적인 경우에는 오후 3시 이전에 한 시간 이내에서 낮잠을 제한적으로 허용할 수 있다. 이때 낮잠은 되도록 규칙적인 시간대에 침대에서 자는 것이 좋다.

수면제한법과 자극통제에서 열거하고 있는 지시사항을 그대로 따른다는 것은 무척 힘든 일이다. 하지만 이런 치료를 통해서 만성불면증 환자의 75%가 도움을 받았다는 한 연구결과에서도 알 수 있듯이, 수면제한법과 자극통제법은 치료 효과가 높은 방법이므로 인내심을 가지고 꾸준히 실천해나가야 한다. 그러다 보면 6~8주 정도 후에는 불면증이 확실히 완화될 것이다. 침대에서 보내는 시간을 제한하는 수면제한법을 적용하는 것이 불안하다면 자극통제 지시만을 따를 수도 있다. 반대로 잠이 오지 않을 때 침대 밖으로 나오는 것이 싫은 사람은 수면제한법을 먼저 따라 해보고 점차 자극통제 지시를 따라 해보는 것도 좋다.

3) 이완훈련

앞에서 강조했듯이, 높은 각성 상태와 불면증 간에는 밀접한 관계가 있다. 높은 각성 상태는 수면을 보장하는 이완 상태와는 대립되는 것으로 불면증의 주요 원인이며, 이런 높은 각성 상태는 주로 과도한 심리적 및 생리적 긴장에 기인한다. 이런 관점에서 볼 때, 불면증 치료를 위해서 과도한 긴장감을 낮추기 위한 이완훈련이 널리 활용되고 있는 것은 당연한 일이다.

이완훈련은 호흡법, 점진적인 근육이완법과 자율훈련 같은 신체적 긴장을 감소시키는 데 초점을 둔 것과 심상법과 명상 같은 수면을 방해하는 침투적인 사고를 줄이는 데 초점을 둔 것도 있다. 정해진 절차를 충실히 따라서 매일 규칙적으로 하는 것이 중요하며 불면증 개선에 도움이 된다. 만성불면증 치료를 위한 인지행동 접근에서 이완훈련은 표준적인 치료로 포함되어 있다.

(1) 횡경막 호흡

흔히 복식호흡이라고도 하는 횡경막 호흡은 횡경막을 위로 올리며 숨 쉬는 흉식호흡을 횡경막을 아래로 내리며 숨 쉬는 복식호흡으로 바꾸는 것이다. 횡경막 호흡은 숨을 쉬는 동안 목과 어깨 근육을 이완시켜주고 불안감을 감소시키는 데 매우 효과적이다.

호흡을 하는 동안 복부를 확장시키는 것에 집중하면서 호흡을 천천히 하는 것이 중요하다. 건강한 정상 성인은 쉴 때 평균적으로 1분당 12번 호흡을 한다. 횡경막 호흡에서는 1분당 호흡을 6번으로 낮추도록 노력해야 한다. 천천히 들이마시고 천천히 내쉬어야 한다. 한 번 들이마시고 내쉬는 데 10초 정도 걸리면 된다.

복식호흡의 절차는 다음과 같다. 우선 눈을 감고 배가 불룩해지도록 숨을 들이마시고, 숨을 뱉을 때는 배가 줄어들도록 한다. 숨 쉬기를 하는 동안 배 이외의 곳, 특히 가슴이 움직이지 않도록 주의한다. 숨은 코로 들이마시고 입술 사이로 내뱉는다. 천천히 열을 세면서 셋까지는 숨을 들이마시고 넷부터 아홉까지는 숨을 내뱉었다가 열에서는 멈춘다. 이를 다시 되풀이하되, 하나부터 아홉까지는 마시든 뱉든 멈추지 말아야 한다. 숨을 내뱉을 때 몸과 마음이 의자에 실려서 깊은 데로 자꾸 가라앉는 느낌에 잠겨 가노라면 마음이 점점 차분해지고

횡경막 호흡 절차

1. 편안한 의자에 앉아 발바닥을 바닥에 붙인다.
2. 한 손은 배 위에, 다른 한 손은 가슴에 얹는다.
3. 코를 통해 천천히 숨을 들이마시고 입으로 내뱉는다.
4. 이때 가슴에 얹은 손은 가만히 있고 배 위에 얹은 손만 움직여야 한다.
5. 복부가 팽창하고 수축하는 것을 느끼면서 느리고 깊은 호흡을 반복한다.
6. 호흡률이 1분에 6회 정도가 되도록 유지한다.
7. 매일 하루에 5분 정도 연습하는 것으로 시작해서 10~15분으로 늘려가는 것이 좋다.

안정되어가는 것을 경험하게 된다.

(2) 점진적 근육이완법

이 훈련은 1920년대에 제이콥슨Jacobson이 개발한 것으로 근육을 이완시켜 불안을 감소시키는 데 초점을 두며, 자율 훈련과 함께 가장 많이 활용되고 있는 긴장이완훈련이다. 이후에 월피Wolpe가 제이콥슨의 이론을 확장해서 공포증 환자 치료를 위한 체계적 둔감법을 개발하였다.

시간을 정해놓고 매일 연습하고, 식후 2시간 이내는 피하며, 아침에 일어나서나 잠자기 전에 하는 것이 좋다. 이 훈련

점진적 근육이완법

먼저 눈을 감고 편안한 자세를 취한다. 숨을 깊게 들이마시고 천천히 내쉬는 과정을 몇 번 반복한다.

1. (약 10초 후) 양손 주먹을 꼭 쥐어서 양손 근육을 긴장시킨다. (약 7초 후) 긴장을 풀고 손과 팔의 이완감을 느껴본다. 근육을 긴장시켰을 때와 이완했을 때의 느낌을 비교해본다.

2. (약 10초 후) 팔을 들어 굽히고(알통을 만들 듯이) 팔에 힘을 주어본다. (약 7초 후) 팔의 힘을 빼서 팔이 힘없이 떨어지도록 내버려둔다. 양쪽 팔 근육을 긴장시켰을 때와 이완했을 때의 느낌을 비교해본다.

3. (약 10초 후) 양발을 들고 몸 쪽으로 발끝을 잡아당기듯이 치켜 올린다. 양발과 다리의 근육에 힘이 들어가고 긴장된 것을 느껴본다. (약 7초 후) 이제 편안하게 풀어주고, 긴장시켰을 때와 이완했을 때의 차이를 음미해본다.

4. (약 10초 후) 두 다리를 모아들고 허벅지를 서로 눌러준다. (약 7초 후) 이제 편안하게 풀어주고, 다리가 긴장시켰을 때와 이완했을 때를 비교해본다.

5. (약 10초 후) 이제 아랫배의 근육을 긴장시켜본다. 아랫배를 홀쭉하게 만든 채 가만히 있는다. (약 7초 후) 편안하게 아랫배 근육을 이완시켜준다. 긴장시켰을 때와 이완했을 때를 비교해본다.

6. (약 10초 후) 숨을 들이쉰 다음 가슴을 조금 위로 당기고 멈춘다. (약 10초 후) 자, 숨을 내쉬면서 편안하게 이완시켜

본다. 가슴의 근육이 긴장되었을 때와 이완되었을 때의 차
이를 음미해본다.

7. (약 10초 후) 어깨를 귀까지 올린다. (약 7초 후) 이제 어깨
근육을 편안하게 풀어준다. 어깨근육을 긴장시켰을 때와 이
완했을 때의 차이점을 음미해본다.

8. (약 10초 후) 목 뒤의 침대나 목 받침을 목으로 지그시 누
르듯 목에 힘을 준다. (약 7초 후) 편안하게 힘을 빼고 목의
근육이 긴장되었을 때와 이완되었을 때를 비교해본다.

9. (약 10초 후) 눈을 꼭 감는다. (콘택트렌즈를 낀 경우는 너
무 꼭 감지 않도록 주의) (약 7초 후) 편안하게 눈의 근육을
풀어주고, 눈의 근육을 긴장시켰을 때와 이완했을 때를 비
교해본다.

10. (약 10초 후) 양 눈썹을 모으고 미간을 찌푸려준다. (약
7초 후) 이제 편안하게 이마 근육을 풀어준다. 아래 이마를
긴장시켰을 때와 이완했을 때를 비교해본다. (약 10초 후)
편안한 이완상태를 유지하면서 호흡에 주의를 기울여본다.
조용히 복식호흡을 계속한다.

11. (약 20초 후) 복식호흡을 계속 하면서 상상해본다. 목욕탕
에 혼자 몸을 담그고 있는 자신을 그려본다. 알맞게 따뜻한
물, 피어오르는 수증기, 향긋한 비누 냄새. 계속 이 장면을
생생하게 그려본다.

(약 1분 후) 다섯까지 세는데 둘에 눈을 뜬다. 하나라고 세면
서 아주 상쾌한 기분을 느껴본다.

에 익숙해지면 근육들 중 일부를 선택해서 긴장시키고 이완시켜도 된다. 점진적 근육이완법의 구체적인 절차는 앞에 소개하였다.

(3) 자율 훈련

자율 훈련autogenic training은 독일의 정신의학자인 슐츠Schultz 박사가 20여 년에 걸친 임상 경험을 토대로 1932년도에 『자율 훈련Das Autogene Training』이라는 저서에서 처음 발표한 것으로, 1960년대부터 전 세계적으로 널리 활용되고 있는 대표적인 긴장이완훈련법이다. 자율 훈련은 현재까지도 스트레스를 극복하고 심신의 안정을 찾기 위한 도구로 널리 활용되고 있다. 자율 훈련을 체계적이고 지속적으로 해나가면 심신이 이완되면서 불필요한 긴장이나 불안감이 줄고 안정을 찾게 된다. 한편, 이 기법은 점진적 긴장이완훈련과 함께 불면증 치료에도 많이 사용되고 있는데, 치료 효과 면에서는 둘 간에 차이가 없는 것으로 보고되고 있다.

① 자세

양발 사이를 발 하나가 들어갈 정도로 벌리고 발이 바닥에 닿게 놓는다. 이때 양다리가 꼬이지 않도록 하고 옆에서 볼 때 다리의 각도는 약 100도가량이 적당하다. 양손은 무릎 위에

편하게 올려놓고 손끝은 약간 안쪽으로 향하도록 한다. 허리
는 힘을 빼고 자연스럽게 펴고 머리, 어깨, 팔, 다리 등에는 힘
을 되도록 많이 뺀다. 양어깨를 힘껏 귀밑으로 끌어올렸다가
탁 떨어뜨리면 어깨의 힘이 자연스럽게 빠진다. 수련을 시작
하기 전에 힘을 빼기 위해서 이 동작을 두어 번 해보는 것이
좋다. 얼굴도 힘을 빼야 하는데, 턱에서 힘을 빼면 입술이 약
간 벌어져서 바보스럽게 보일 수 있지만 그런 모습이 바람직
한 자세다. 마지막으로 고개를 약간 숙이고 눈을 살포시 감으
면 된다.

자율 훈련에 들어가기에 앞서 마음을 차분하게 가지는 것
이 대단히 중요하다. 수련의 진척이나 효과가 욕심만큼 뚜렷
하지 않아도 개의치 말자. 그저 차분한 마음으로 배운 대로 혹
은 읽은 대로 진행하면 된다.

① 그동안의 시름이나 걱정거리는 다 떨쳐버리고 고개, 어
   깨, 팔다리, 양 미간, 턱 등에서 힘을 충분히 뺀다. 그리
   고 바른 자세로 앉아 눈을 살포시 감는다.
② '내 마음이 차분하다'를 숨을 내뱉을 때마다 천천히 1분
   간에 걸쳐서 약 10회를 반복해서 마음속으로 되뇐다.
③ '오른팔이 묵직하다'를 숨을 뱉으면서 2~4회 천천히
   반복해서 마음속으로 되뇐다.

④ '내 마음이 차분하다. 오른팔이 묵직하다'를 숨을 뱉으면서 2~4회 마음속으로 되뇐다.

⑤ '내 마음이 매우 차분하다. 오른팔이 매우 묵직하다'를 숨을 뱉으면서 2~4회 마음속으로 되뇐다.

⑥ '기분 좋게 깨어난다'를 마음속으로 되뇌고 가볍게 기지개를 켜고 눈을 뜬다.

⑦ 바로 이어서 눈을 감고 '내 마음이 차분하다. 오른팔이 묵직하다'를 2~4회 마음속으로 되뇐 뒤에 ⑤에서 ⑥까지 지시대로 다시 반복한다.

⑧ ⑦의 과정을 한 번 더 반복한다.

⑨ 자신의 소망이나 다짐을 간결한 문장으로 미리 준비하였다가 되뇐다. 예를 들면, '나는 안락한 수면을 취할 것이다'와 같은 간결한 문장을 5~6회 되뇐다. 단, 이 단계는 2공식이 끝날 무렵부터 시작한다.

⑩ 가볍게 기지개를 켜고 눈을 뜨고 천천히 일어서서 '야! 기분 좋다!'라고 외치면서 앉으면 1회의 수련을 모두 마치게 된다.

🔑 슐츠 박사의 자율 훈련법 18개 공식

1단계. 중량감 훈련(근육이완훈련)

    1. 오른팔이 묵직하다.

    2. 왼팔이 묵직하다.

    3. 오른다리가 묵직하다.

    4. 왼다리가 묵직하다.

    5. 양팔이 묵직하다.

    6. 양다리가 묵직하다.

    7. 팔다리가 묵직하다.

2단계. 온감 훈련(혈관운동 통제훈련)

    8. 오른손이 따뜻하다.

    9. 왼손이 따뜻하다.

    10. 오른발이 따뜻하다.

    11. 왼발이 따뜻하다.

    12. 양손이 따뜻하다.

    13. 양발이 따뜻하다.

    14. 손발이 따뜻하다.

3단계. 심장조정 훈련

    15. 심장이 조용히 뛴다.

4단계. 호흡조정 훈련

    16. 숨 쉬기가 편하다.

5단계. 내장조정 훈련

    17. 배가 따뜻하다.

6단계. 두뇌세척 훈련

    18. 이마가 시원하다.

이상에서 열거한 훈련은 제일 먼저 시작할 1공식을 예로 들어서 시간 순으로 적은 것이다. 위에서부터 지시에 따라서 예시문을 마음속으로 되뇌는 것이 훈련의 전부다. 이것을 하루에 3회 정도 훈련하고 그 반응에 따라 2공식, 3공식으로 진도를 나가면 된다. 이런 반응을 경험하기까지 소요되는 시간에는 개인차가 심하다. 한두 번 수련하고 나서도 이런 느낌이 있는 사람이 있는가 하면 2주 정도까지 걸리는 사람도 있다. 그러나 이 기간이 빠르고 느림에는 아무런 의미가 없다. 어서 빨리 마쳐서 그 성과를 맛보자는 생각보다는, 반응이 나타날 때까지 그저 꾸준히 기다리는 마음가짐이 훨씬 바람직하다.

우리나라에서는 변학봉이 자율 훈련을 임상 실제에서 널리 보급하고 활용하고 있는데, 그는 슐츠 박사의 6단계의 18공식을 4개 공식으로 재구성하여 실제 훈련에 걸리는 시간을 단축하고 있다. 그에 따르면 심각한 문제가 아닌 경우는 대부분 4개 공식만으로도 충분히 효과를 볼 수 있다고 한다.

② 훈련의 횟수와 좋은 시간

수련은 1회보다는 2회가, 2회보다는 3회가 좋지만 하루 3회 이상은 필요 없다. 식전보다는 식후가, 학업 후보다는 학업 전이 더 좋으며, 잠자기 전이나 자고 난 후가 좋다. 자율 훈련을 일상적인 일과에 집어넣어서 규칙적으로 하는 것이 좋다.

③ 마무리 운동

수련을 마치고 나면 몸과 마음이 이완되어 자고 난 듯한 느낌을 받는다. 따라서 수련을 마친 뒤에 다른 활동을 하기 위해서는 반드시 워밍업을 해주어야 한다. 그렇지 않으면 느긋한 몸과 마음이 잠을 청하게 된다. 마무리 운동은 다음과 같이 한다. 수련을 마치면 천천히 자리에서 일어난다. 양팔을 천장을 향해 뻗고 턱걸이를 하듯이 팔을 천천히 끌어당겼다가 힘껏 뻗는 운동을 5회 정도 반복한다. 그리고 팔, 어깨, 목, 허리, 다리 등을 크게 움직여서 다음 활동 준비를 하고 다시 자리에 앉는데, 이때 큰소리로 "야! 기분 좋-다"라고 외치며 앉는다. 그러면 다음 활동에 생기가 난다. 수련을 마치고 잠을 자려고 할 때도 이에 준하는 마무리 운동을 하고 나면 숙면하게 될 것이다. ❖

2. 인지치료

1) 불면증에서 인지요인의 역할

앞에서도 소개했듯이, 인지치료는 다양한 정신질환과 심리적인 문제에 있어서 치료 효과가 일관되게 지지받고 있으며, 이는 불면증 치료에도 예외가 아니다. 특히 불면증을 만성화시키는 주요한 원인으로 심리적 요인이 최근 들어 더욱 강조되면서 인지치료적인 요소를 불면증에 대한 행동치료와 병행해나가는 것이 점점 일반화되고 있다.

그렇다면 인지치료는 불면증 치료에 어떻게 도움이 되는가? 이 질문에 대답하기 위해서는 앞에서 언급한 불면증과 각성 상태 간의 관계에 대해서 떠올려볼 필요가 있다.

높은 각성 상태는 불면증을 일으키고 지속시키는 주요 원인이다. 수면은 신체적 및 심리적으로 이완된 상태에서 가능한 것으로, 높은 각성 상태에서는 수면을 제대로 취할 수 없다. 카페인이 많이 포함된 커피, 코코아, 초콜릿 등을 먹은 뒤에 흔히 잠드는 데 곤란을 경험하는 이유도 바로 여기에 있다.

수면을 어렵게 하는 높은 각성 상태는 음식에 의해서도 초래되지만, 근심 걱정으로 머리가 복잡할 때도 쉽게 높아진다. '내일 있을 발표를 잘 해낼 수 있을까' '요즘 친구들이 날 좀 멀리하는 것 같아' '잠을 제대로 안 자면 내일 일을 망치는데' '빨리 잠이 들어야 하는데' 등의 생각들은 불안감이나 두려움을 수반한다. 그 결과 각성 상태가 높아져 잠을 더욱 이루기 어렵게 된다. 높은 각성 상태를 이끄는 불안감이나 두려움과 같은 부정적인 감정은 내일 있을 일이나 잠을 못 자는 것에 대한 온갖 걱정으로 인한 것이다. 따라서 잠잘 때 머릿속을 복잡하게 어지럽히는 온갖 걱정을 줄이면 자연히 그와 관련된 불안감이나 두려움은 사라지고 보다 쉽게 수면을 취할 수 있다.

인지치료는 이렇게 잠자기 전에 머릿속에 떠오르는 걱정을 줄이면 그로 인한 부정적인 감정을 덜 느끼게 되고, 그러면 자연히 각성수준이 내려가면서 불면증이 완화될 것이라는 이론적 배경에 근거하고 있다. 특히 만성불면증 환자는 일상적인 걱정보다도 불면증 자체와 관련된 걱정이 잠자기 전에 두드러지게 많으며, 이로 인해서 불안감이 높아져 잠을 못 이루는 경우가 허다하다. 이런 수면에 대한 걱정은 오히려 수면을 치명적으로 방해하기 때문에 부적응적인 걱정이라고 할 수 있다.

스트레스로 인한 일시적인 불면증이 만성적으로 발전해가는 사람은 공통적으로 수면과 불면증에 대한 심한 걱정을 지속적으로 보인다. 이들은 불면증 때문에 직장에서 일을 제대로 할 수 없으며, 대인관계나 일상적인 사소한 일도 제대로 못하겠다고 생각한다. 자신이 현재 겪고 있는 모든 어려움이 불면증 때문인 것으로 생각하고, 자신은 불면증의 희생양이라고 철저하게 믿는다. 따라서 안락한 수면을 취하기 위해서 별의별 궁리를 다하게 되며, 모든 촉각을 수면과 관련된 일에 곤두세운다. 이렇게 불면증과 관련해서 마치 건강염려증 환자가 보이는 것과 같이 지나치게 걱정하는 모습은 실제보다 과장되거나 왜곡된 불면증 관련 생각에 기인한다.

인지치료에서는 과장되거나 왜곡된 불면과 관련된 걱정 혹은 생각을 보다 합리적이고 객관적인 생각으로 바꾸도록 환자를 돕는다. 이렇게 바뀐 생각은 불면에 대한 불안감이나 그 밖의 부정적인 감정을 줄여준다. 다시 말하면, 인지치료의 주요 목적은 불면에 대한 환자의 생각을 재평가하고 수정하는 것이다. 그렇다고 수면 문제의 심각성과 이로 인해서 환자가 낮 동안의 생활에 지장 받고 있는 것을 부인하는 것은 아니다. 대신에 불면증을 보다 현실적인 관점에서 보게 하는 것이다.

치료를 통해서 불면증이 평생 완전히 사라진다면 그보다 더 바랄 것이 없다. 하지만 이것은 현실적으로 매우 어려운 일이다. 왜냐하면 누구나 살아가면서 뜻하지 않은 심한 스트레스를 경험하고 이로 인해 일시적으로 며칠 밤잠을 제대로 못 잘 수 있기 때문이다. 따라서 매일 밤잠을 잘 자야 한다는 것은 하나의 비현실적인 바람이다. 이에 대한 보다 현실적인 생각은 매일 밤잠을 잘 잘 수 있으면 좋겠지만, 때로는 일시적으로 제대로 못 잘 수도 있다는 생각이다. 이처럼 인지치료에서는 불면증 환자의 생각을 현실적으로 맞춰주는 작업을 꾸준히 반복한다.

2) 수면에 대한 부적응적인 생각

"적어도 8시간은 자야 하는데, 그래야 내일 생활에 지장이 없는데…."

"잠을 잘 못 자면 내일 일을 제대로 못한다."

"낮 동안에 내가 제대로 기능하지 못하는 것은 밤에 잠을 제대로 못 잤기 때문이다."

이런 생각은 불면증 환자가 흔히 갖고 있는 걱정으로 수면에 대한 부적응적인 생각의 예다.

불면증이 있는 사람은 흔히 하루에 최소한 8시간은 자야 다음날 기능하는 데 지장이 없다고 믿는다. 그래서 이보다 적게 자면 몹시 불안해하고, 이 시간을 꼭 채우기 위해서 낮잠을 잔다거나 침대에 더 오래 머물러 있기도 한다. 물론 보통 성인의 경우 7~8시간 정도 수면을 취하지만, 그렇다고 이 양이 우리가 기능하기에 이상적으로 요구되는 수면량이라는 근거는 어디에도 없다. 결국 8시간을 자야 한다는 기준은 환자 스스로가 부여한 기준인 셈이다.

이 기준보다 부족하게 잤을 경우에 그들은 매우 불안해하고, 이 불안은 잠자리에서도 계속되어서 결국 각성수준을 높여 잠들기를 더욱 어렵게 하는 악순환이 반복된다. 따라서 자신에게 필요한 수면량에 대한 경직된 생각은 수면에 전혀 도움이 안 되는 부적응적인 신념혹은 믿음이다. 그날 몸을 많이 혹사하거나 일을 많이 했다면 당연히 더 많은 양의 수면이 필요할 것이고, 그렇지 않은 날은 전날보다 조금 적게 자도 아무 문제가 없을 것이다. 에디슨이나 나폴레옹은 하루에 4시간만 자고도 자신의 일을 충분히 잘 해냈다. 이렇듯 필요한 수면량은 그날의 신체 상태에 따라서도 달라지고 개인에 따라서도 상당한 차이가 있기 때문에, 수면량에 대해서 절대적인 기준을 세우는 것은 현실적으로 맞지 않을 뿐만 아니라 불면증 치료에 오히려 역행하는 일이다.

앞에서 수면부족이 누적되면 신체적 및 심리적으로 어떤 영향을 받게 되는지에 대해서 언급한 바 있다. 연구결과에 따르면 잠이 부족하면 정신활동이 전체적으로 느려지고 기분이 좀 처지긴 하지만, 습관적으로 하던 일이나 익숙해 있는 일상적인 문제를 해결하는 데는 별 지장을 받지 않는다. 물론 수면부족의 양에 따라서 차이는 있겠지만, 며칠 동안 밤에 잠을 제대로 못 잔다고 신체적으로나 심리적으로 심각한 영향을 받는 것은 아니다. 다만 낮 동안에 졸음이 좀 더 올 뿐이다.

낮 동안의 생활이나 기능에 영향을 주는 요인들은 무수히 많다. 그날의 날씨에서부터 친구가 건넨 불쾌한 말 한마디, 점심이 소화가 잘 안 된 것 등에 이르기까지 우리가 미처 의식하지 못하는 무수한 요인이 낮 동안의 우리의 기분이나 행동에 영향을 미친다. 하지만 불면증 환자는 낮 동안에 느끼는 피로감, 기력 저하, 기분이 나쁜 것, 일이 잘 안 풀리는 것 등 불쾌하거나 불만스러운 신체적 및 심리적 상태나 사건을 모두 불면증 탓으로 돌리는 경향이 강하다. 물론 일부는 불면 때문인 것도 있지만 상당 부분은 다른 요인들의 영향이다. 낮 동안의 모든 나쁜 일을 불면 탓으로 돌리는 것은 현실적이지 못한 생각이다. 잠만 제대로 자면 이 모든 나쁜 일이 없어질 것이라는 믿음은 불면증에 대한 걱정과 집착을 더욱 부추기고 불안감을 가중시키기 때문에 결국 불면증을 더 악화시키고 지속시키는 악순환을 반복하게 된다.

"수면 문제에 있어서 나는 정말 무기력하다. 내가 할 수 있는 것은 아무것도 없다."

"나는 내 불면증이 신체적·화학적 불균형에 기인한 것이라고 생각한다."

"내가 잠을 잘 못 자는 것은 나이 탓이기 때문에, 이를 위해서 내가 할 수 있는 일은 아무것도 없다."

이런 생각들은 불면증의 원인에 대해서 불면증 환자가 흔히 내리는 결론이다. 이들의 공통점은 불면증의 원인이 자신이 어떻게 손쓸 수 없는 것이기 때문에 자신은 불면증 앞에서 무력하다고 생각한다는 점이다. 이렇게 생각할 경우 불면증에 대한 심한 무력감에 빠지게 되고, 이는 수면의 어려움을 더욱 악화시킨다.

앞에서 강조했듯이 불면증의 원인이 무엇이든 간에 만성불면증에는 거의 대부분 심리적인 원인이 작용하며, 이에 대한 치료적인 개입은 불면증을 완화시켜준다. 우리는 결코 불면증 앞에서 무력하지 않다. 또한 수면의 어려움은 다양한 환경적인 요인에 영향을 많이 받으며, 이런 부분들은 시간이 지나면 자연히 해결되거나 노력을 통해서 극복할 수 있다.

대부분의 경우 부적응적인 생각은 몇 가지 인지적 오류를 범한다. 여기서 인지적 오류란 현실적인 근거나 합리적인 논리에 따르지 않고 개인의 편향된 신념에 근거한 생각을 일컫는다. 우리가 일상생활에서 가장 쉽게 접하는 인지적 오류는 흑백논리적인 사고나 편견과 같은 것이다. 불면증 환자가 보이는 부적응적인 생각과 인지적 오류, 그리고 이들을 보다 적응적이고 합리적인 생각으로 바꾸는 작업에 대해 살펴보도록 하겠다.

3) 부적응적인 생각 바꾸기

수면과 관련된 부적응적 혹은 역기능적인 생각은 불면증에 대한 개인의 대처를 비효율적으로 이끌 뿐만 아니라, 불면에 대한 과도한 걱정과 불안감을 유발시켜서 오히려 불면증을 더 악화시키고 만성화시키는 경향이 있다. 따라서 만성불면증을 치료하기 위해서는 이런 부적응적인 수면 관련 생각을 수정하거나 적응적이고 합리적인 생각으로 바꿔야 한다.

이를 위해서 대략 3가지 과정을 거친다. 첫 번째 단계는 역기능적인 수면 관련 생각을 찾는 것이고, 두 번째 단계는 확인된 역기능적인 생각의 타당성을 검증하는 것이다. 수면과 관련된 역기능적인 생각을 찾기 위해서는 먼저 잠들기 전에 머릿속을 어지럽히면서 저절로 떠오르거나 스치고 지나가는 생각들 중에서 수면이나 불면과 관련되는 것을 살펴보아야 한다. 이 작업은 생각보다 쉽지 않다. 이런 생각은 습관적이고 자동적이어서 평소에는 거의 의식하지 못하고 지내기 때문이다.

이렇게 해서 수면 관련 역기능적 생각을 찾았으면 이들의 타당성을 검증해보아야 한다. 이를 위해서는 먼저 자신이 가지고 있는 수면 관련 역기능적 생각을 하나의 가설로 보고 이를 검증해보겠다는 태도를 갖는 것이 중요하다. 그리고 최근의 연구결과와 자신의 실제 경험에 비추어서 그 가설의 타당성을 체계적으로 검토해보아야 한다. 다양한 수면시간에 따라서 낮 시간 동안의 일상적 혹은 직업적 활동에 실제로 얼마나 지장을 받는지 체계적으로 평가해보고, 전날 밤에 수면에 지장을 받았음에도 낮 동안에 일상적으로 하던 일을 평소대로 얼마나 할 수 있는지도 검토해볼 필요가 있다. 불면증 환자는 자신의 수면량을 실제보다 적게 평가하고 불면증으로 인한 영향을 과장되게 부정적으로 지각하는 경향이 있기 때문에, 이를 체계적으로 분석해보는 것은 환자의 불안감과 걱정을 덜어주는 데 유용한 정보를 제공해준다.

역기능적인 생각을 바꾸는 세 번째 단계는 부적응적인 생

2. 인지치료 ✳ **133**

각을 보다 적응적이고 합리적인 다른 생각으로 대체하는 과정
이다. 이를 위해서 불면증의 원인과 불면에 대한 새로운 이해
와 그 영향에 대한 재평가가 반드시 선행되어야 한다. 이를 통
해서 불면증에 대한 새로운 이해와 적응적이고 합리적인 대안
해석이 이루어진다.

다음은 만성불면증 환자가 가장 흔하게 보이는 부적응적인
생각을 적응적인 생각으로 바꾸는 과정이다.

(1) 불면증 원인에 대한 오해 바로잡기

불면증 치료를 받으러 오는 환자는 흔히 불면증의 원인에
대해서 나름의 분명한 설명을 갖고 있다. 그중 가장 흔한 것으
로 통증, 알레르기, 폐경, 나이, 우울증 혹은 화학적 불균형
등이 있다. 이런 설명 중에는 물론 과학적인 근거가 있는 것도
있다.

앞에서도 여러 번 언급했듯이, 만성불면증은 불면증이 발
병한 최초의 원인이 무엇이든 간에 대부분 심리적 및 행동적
인 요인의 작용으로 악화되고 만성화되는 경향이 있다. 만성
불면증의 원인을 생물학적인 것으로만 돌리는 것은 상당히 무
리가 따르는 해석이다. 처음 불면증의 원인이 되었던 요인과
현재 불면증을 만성화시키는 요인이 다를 수 있음을 충분히
이해하는 것이 중요하다.

만성불면증의 원인을 단순히 생물학적인 데서 찾으려는 사람들이 갖고 있는 공통된 생각에 신체적 문제, 호르몬 분비의 문제, 발달적 혹은 생화학적 요인의 문제가 해결되지 않으면 불면증은 치료될 수 없을 거라는 믿음이 있다. 이럴 경우에 불면증 치료를 위해서 환자가 할 수 있는 일은 별로 없다고 생각하기 쉬우며, 정작 불면증을 만성화시키는 주요 원인이 되는 심리적인 요인에 대해서는 관심을 두지 않고 불면증은 계속해서 그를 괴롭힐 것이다. 불면증 원인에 대한 잘못된 이해는 불면증을 더욱 만성화시키는 간접적인 요인이 된다. 다음은 불면증에 대한 역기능적 생각과 그 생각을 대신할 반응을 소개한 것이다.

〈역기능적 생각〉

내 불면증은 기본적으로 어떤 생화학적 불균형이나 통증에 기인한 것이다. 따라서 이러한 문제가 해결되지 않으면 내 불면증은 절대 나아지지 않을 것이다. 불면증을 치료하기 위해서 내가 할 수 있는 일은 아무것도 없다.

〈타당성 검토와 대안적 해석〉

불면증의 초기 발병 원인과는 상관없이 심리적 및 행동적 요인이 거의 대부분의 만성불면증에 중요한 요인이 되고 있다.

이런 요인을 변화시키는 것은 나의 통제 하에 있기 때문에, 불면증은 나의 노력에 따라서 좋아질 수 있다. 불면증의 원인을 외적인 요인으로 모두 돌리는 것은 자기패배적인 생각이다. 왜냐하면 그럴 경우에 내가 할 수 있는 것은 아무것도 없기 때문이다.

〈역기능적 생각〉

나의 불면증은 전적으로 나이를 먹은 탓이기 때문에, 이를 해결하기 위해서 내가 할 수 있는 일은 아무것도 없다. 나이를 먹으면 반드시 수면장애가 있기 마련이다.

〈타당성 검토와 대안적 해석〉

나이 든 모든 사람이 불면증을 앓고 있는 것은 아니다. 그러므로 다른 요인들이 불면증에 관여하고 있다. 나이가 들면서 수면습관과 생활습관에 문제가 있는지도 모른다. 그렇다면 이런 습관들을 바꾸도록 노력해보는 것이 수면에 도움이 될 것이다.

(2) 불면증이 초래하는 부정적인 결과에 대한 오해 바로 잡기

불면증을 앓고 있는 사람에게 치료를 받도록 종용하는 가장 공통된 이유 중에는, 수면 문제 자체에 대한 두려움뿐만 아니라 그로 인해 야기되는 피해에 대한 두려움도 상당 부분 차지한다. 이런 두려움은 불면증으로 인해서 초래된다고 환자 스스로가 믿고 있는 신체적 및 심리적 악영향, 인지적 기능의 저하 등에 대한 지나친 걱정이 주요 내용이다.

물론 수면부족은 어느 정도는 영향을 주지만 불면증 환자들이 주관적으로 호소하는 것만큼 심각하지는 않다. 그들의 주관적인 불편감은 다분히 과장되어 있는데, 이런 점은 수면곤란의 객관적인 지표인 EEG 결과에서 시사되는 수면곤란의 정도에 비해서 환자가 호소하는 수면곤란이 훨씬 과장되어 있다는 점과도 일치하고 있다.

〈역기능적 생각〉

잠을 잘 못 자면 다음날 일을 제대로 할 수 없다. 낮에 짜증이 많이 나고 왠지 우울하고 불안한 기분이 드는 것도 전날 밤에 잠을 제대로 못 잤기 때문이다. 잠만 제대로 자면 나는 아무 문제없을 텐데. 불면증은 낮 동안 일의 능률을 저하시키는 것이 틀림없다.

〈타당성 검토와 대안적 해석〉

전날 잠을 제대로 못 자면 다음날 낮에 항상 기능을 잘 못하는가? 전에 잠을 잘 못 자도 하던 일을 제대로 잘한 적도 있지 않은가. 그 정도가 늘 일정하게 심각한가? 다른 문제로 일에 지장을 받을 수도 있지 않나. 요즘 일이 많아진 탓도 있을 것이고, 다른 스트레스도 관련이 있을 수 있다.

기분이 잘 변하고, 기운이 없으며, 낮 동안에 기능 수준이 떨어지는 것에 대해서 수면부족만을 탓하는 것은 내게 별로 도움이 안 된다. 일상적인 스트레스가 그런 것들을 유발했을 수도 있고, 아니면 생체리듬과 관련된 자연스러운 변화일 수도 있다. 나의 모든 문제를 수면 탓으로 돌리는 것은 잘못이다.

잠을 못 자서 낮에 제대로 기능할 수 없다고 걱정하는 것은 나의 문제를 더 악화시킬 뿐이다. 만성적인 수면부족이 물론 기능을 저하시키기는 하지만, 연구에 따르면 불면증으로 인해서 실제로 수행이 저하되는 정도는 적다고 한다. 불면이 가져올 피해에 대해서 걱정하면 할수록 나의 불안은 더욱 높아지고 수면부족은 더 참을 수 없게 된다. 이는 정서적 스트레스를 가중시키고 수면의 곤란을 더욱 악화시키는 악순환을 거듭하게 만든다.

서서히 잠드는가, 한순간에 곯아떨어지는가

깨어 있는 상태에서 잠으로 빠져들면서 뇌파가 서서히 느려지는 EEG 기록만을 보면 우리가 깨어 있는 상태에서 서서히 잠으로 빠져들어간다고 생각하기 쉽다. 하지만 그렇지 않다. 잠의 상태로 들어가는 것은 졸음의 나라로 천천히 미끄러져 들어가는 것이 아니라 아무것도 없는 허공으로 뚝 떨어지는 것과 비슷하다.

잠자리에 들면서 조심스럽게 잠에 빠지는 순간을 체크하려고 애쓰지만 번번이 실패하는 이유는 분명한 예고 없이 갑자기 잠이 들기 때문이다. 우리가 느끼는 것은 고작해야 잠자리에 든 다음 처음 몇 분 동안 약간 편안해지고 나른해진다는 느낌 정도다. 잠에 빠지는 일은 의식 상태로부터 서서히 철수하는 것이 아니라 스위치를 내리는 것과 비슷하다.

〈역기능적 생각〉

불면증은 나의 신체 건강에 심각한 악영향을 미친다. 불면증은 건강에 매우 해롭다.

〈타당성 검토와 대안적 해석〉

지금까지 잠이 부족해서 죽은 사람은 한 명도 없었다. 적게 자고도 건강을 잘 유지하는 사람이 얼마든지 있지 않은가. 불면증에 대해서 지나치게 걱정하는 것이 수면부족으로 인한 것

보다 건강에 더 해롭다. 잠을 적게 자면 다음날 조금 졸리는 것
밖에 문제될 게 없다.

(3) 비현실적인 수면기대 바로잡기

불면증 환자는 자신이 제대로 기능하기 위해서는 일정 시
간의 수면이 반드시 필요하다고 강하게 믿고 있다. 흔히 8시
간을 기준으로 정해 놓는 경우가 많은데, 이러한 기준은 스스
로 부여한 것으로, 수면시간이 여기에 못 미칠 경우에 불안감
을 심하게 느끼는데 이는 오히려 불면증을 더 악화시킨다.

앞에서도 언급했듯이 수면시간에 대해서 절대적인 기준을
정해놓는 것은 어리석은 일이다. 왜냐하면 필요한 수면량은
개인의 특성에 따라 다르며, 또 동일한 개인이라 하더라도 그
날의 몸 상태에 따라서 요구되는 수면량이 다르기 때문이다.
그렇기 때문에 필요한 수면시간에 대해서 절대적인 시간량을
정해 놓는 것은 사실상 무모한 일이라고 해도 과언이 아니다.

〈역기능적인 생각〉

나는 매일 8시간은 반드시 자야 한다. 다음날 개운하게 느
끼고 제대로 기능하기 위해서는 8시간은 자야 한다.

〈**타당성 검토와 대안적 해석**〉

필요한 수면량은 개인마다 다르다. 모든 사람에게 도움이
되는 황금률은 존재하지 않는다. 그런 기준을 따르도록 자신
에게 부당하게 강요하지 마라. 그런 강요는 불안을 증가시켜
오히려 만성적인 불면증을 초래할 수 있다. 너무 많은 수면량
은 오히려 시간낭비일 수 있다. 잠을 적게 자고도 유능하게 자
기 일을 잘 해내는 사람들도 많다.

〈**역기능적인 생각**〉

아내를 보거나 다른 친구들을 보더라도, 그들은 누우면 수
분 내에 잠이 들기 때문에, 나도 당연히 수분 내로 잠이 들어
야 한다고 생각한다. 모든 사람이 그렇게 쉽게 잠이 드는 것
같다.

〈**타당성 검토와 대안적 해석**〉

모든 사람이 동일한 지능을 갖고 있지 않듯이 수면과 관련
해서도 개인차가 있다. 잠이 들기까지 걸리는 시간에도 당연
히 개인차가 있다. 아내가 눕자마자 잠이 든다고 해서 나도 그
렇게 되라는 보장은 없다. 누워서 30분 이내로만 잠이 들면 된
다. 그렇다면 걱정을 안 해도 된다. 단, 잠이 들기까지 30분 이
상이 걸리면 불면증을 고려해봐야 한다.

(4) 불면증에 대한 무력감 극복하기

불면증 환자의 수면 양상은 때에 따라 차이가 많기 때문에 예측하기 어렵다고 지각하는 경향이 있다. 예측하기 어려운 자신의 수면 양상으로 인해서 불면증 환자는 스스로 수면을 통제할 수 없다고 생각하는 경향이 강하다. 이렇게 수면에 대한 감소된 자기통제력은 심리적 불편감을 가져오고, 이는 각성수준을 높여서 수면곤란을 초래하며, 그 결과 수면에 대한 자기통제력은 더욱 감소하는 악순환이 반복된다. 만성불면증 환자에게는 공통적으로 수면은 자신이 어떻게 손을 쓸 수가 없는 것이라는 지각이 팽배하며 불면증에 대해서 상당한 무력감을 느끼고 있다. 이는 불면증에 대한 불안감과 두려움을 더욱 가중시켜서 결과적으로 불면증을 만성화시키고 더욱 악화시키는 데 일조한다.

〈역기능적인 생각〉

수면은 내가 통제할 수도 없고 예측도 안 된다. 잠자리에 들 때마다 오늘은 잘 잘 수 있을까 너무 걱정이 된다.

〈타당성 검토와 대안적 해석〉

오늘 밤에 잠을 좀 못 잔다고 해서 내일 큰일이 일어나는 것은 아니다. 기껏해야 조금 졸리거나 행동이 느려지는 정도이지 심각한 문제가 생기는 것은 아니다. 누워서 자려고 의식적으로 노력하고 신경을 쓸수록 잠들기는 더 어렵다. 그런 노력은 내 정신을 더 각성시켜 수면을 방해한다. 잠에 대한 집착과 걱정으로부터 주의를 돌리는 것이 잠을 청하는 데 훨씬 도움이 된다. 잠은 그것을 통제하려고 하지 않을수록 더 쉽게 찾아온다.

〈역기능적인 생각〉

내가 오늘 밤에 잘 잘 수 있을지 전혀 예측이 안 된다. 아무리 노력해도 소용이 없다. 불면증은 내가 어떻게 할 수 없는 문제다. 불면증 앞에서 나는 정말 무기력하다.

〈타당성 검토와 대안적 해석〉

누구나 가끔씩 잠을 잘 못 이루는 날이 있다. 낮에 받은 스트레스 때문일 수도 있고 몸이 불편한 것이 원인일 수 있다. 며칠 잠을 설쳐도 일하거나 생활하는 데 크게 지장은 없다. 내가 겪고 있는 불면은 일상적인 스트레스(직장에서의 스트레스, 배우자와의 갈등)로 일시적으로 초래된 것일 수 있다. 따라서 이러한 스트레스가 해결되면 저절로 불면증도 없어질 것이다. 잠을 못 잔 것에 대해서 걱정하지 말고 스트레스를 잘 해결하기 위해서 노력하는 것이 더 중요하다. 불면에 대해서 지나치게 걱정하지 말고 그냥 일상적으로 하던 일을 계속하다 보면 불면은 어느새 사라지고 나는 편안한 잠을 이룰 수 있을 것이다.

(5) 수면습관에 대한 오해 바로잡기

불면증 환자에게는 오랫동안 불면증을 앓아오면서 불면을 해결하기 위해서 나름대로 대처하는 행동들이 있다. 이 중에서 가장 일반적인 것은 초저녁부터 잠자리에 들어가서 누워 있는 것이다. '침대에 누워 있다 보면 언젠가는 잠이 들겠지' 혹은 '누워 있으면 피로회복이라도 되겠지' 하는 생각에 일찍부터 이불 속으로 들어가는 경향이 있다. 이들은 잠들기 위한 최선의 방법이 침대에 누워서 잠들려고 노력하는 것이라 믿으며, 부족한 잠을 보충하기 위해서 낮잠이 필요하다는 생각에 낮에 규칙적으로 잠을 자는 경향도 있다.

이런 대처행동들은 불면증 해결에 결코 도움이 안 되는 나쁜 수면습관들이다. 낮잠을 자면 밤에 잠이 더 안 오며, 잠이 안 오는데도 침대에 누워 있는 것은 이런저런 생각이나 걱정을 떠올리기 쉽게 해서 각성 상태를 높여주기 때문에 잠들기는 더욱 어렵다.

〈역기능적인 생각〉

어젯밤에 잠을 잘 못 잤기 때문에 오늘은 반드시 낮잠을 자야 한다. 그렇지 않으면 잠이 부족하기 때문에 몸에 해롭고 일에도 지장이 있을 것이다. 어제 잠을 잘 못 잤으니까 오늘은 일찍 잠자리에 들어야겠다. 나는 적절한 양의 수면을 취하지 않으면 다음날 아침에 늦게 일어나거나 낮잠을 자야 한다.

〈**타당성 검토와 대안적 해석**〉

아침에 너무 늦게 일어나거나 낮잠을 자는 것은 밤에 잠들기를 더 어렵게 한다. 전날 잠을 좀 설쳤다고 해서 반드시 부족한 만큼 수면이 보충되어야 하는 것은 아니다. 수면박탈실험은 이전에 박탈된 수면의 약 1/3만 보충되면 일상적인 활동을 하는 데 별 무리가 없음을 보여준다.

(6) 수면 양상에 대한 잘못된 지각

연구에 따르면, 불면증 환자는 일반적으로 정상적인 수면을 취하는 사람에 비해서 덜 자지만 그 차이는 본인이 생각하는 것처럼 그렇게 크지 않다. 불면증 환자는 자신의 수면량을 지나치게 축소해서 지각하는 경향이 있다. 많은 경우 이들은 잠든 시간을 거의 절반까지도 줄여서 말한다. 불면증 집단의 사람들은 보통 밤에 잠들기까지 한 시간 이상이 걸린다고 말하지만, 실제로 그들의 뇌파를 측정해보면 대개는 20~30분만에 잠이 드는 것으로 밝혀졌다. 이는 이들이 잠들기까지 걸리는 시간을 실제보다 두세 배 정도 길게 주관적으로 지각하는 경향이 있음을 말해준다.

물론 사람들이 과학적인 측정도구를 이용하지 않고 자신이 잠든 시간을 정확히 안다는 것은 어려운 일이다. 하지만 정상인과 불면증 환자를 비교했을 때, 불면증 환자군이 잠들기까지 걸린 시간을 더 과대 추정하고 잠잔 총 시간을 더 과소 추정하는 경향이 있다는 점은 불면증 환자가 자신의 수면 양상에 대해서 부정적으로 평가하는 편향이 있음을 시사한다.

이런 편향의 정도를 객관적으로 평가하기 위해서 그날의 〈수면일지〉를 작성하면 많은 도움이 된다. 〈수면일지〉 작성은 불면증 치료에서 필수적으로 들어가는 부분으로, 불면증 환자 스스로가 잠자러 간 시간, 실제로 잠이 든 것으로 추정되는 시간, 아침에 일어난 시간, 자는 중에 깬 시간, 낮잠 잔 시간, 자고 난 뒤의 기분, 수면의 질 등 자신의 수면 양상을 평가하게 하는 방법이다. 〈수면일지〉를 규칙적으로 작성해봄으로써 불면증 환자는 자신의 수면장애가 생각했던 것만큼 심하지 않다는 것을 객관적으로 확인할 수 있어 불면에 대한 비현실적인 걱정을 완화할 수 있다.

또한 체계적인 불면증 치료를 위해서 환자의 구체적인 수면 양상에 대한 정보를 수집한다는 차원에서도 〈수면일지〉는 중요한 의미를 가진다. 하지만 〈수면일지〉를 작성한다는 것은

수면일지

수면일지 작성은 불면증 치료를 위해서 가장 기본이 되는 과정입니다. 귀찮고 힘들더라도 성실히 기록해야 합니다. 정확한 기록을 위해서는 매일 아침에 일어나자마자 수면일지를 작성하는 습관을 갖는 것이 좋습니다. 예를 들면, 수요일 아침에 일어났을 때는 화요일 아래 공란에 기록하면 됩니다. 전날 밤에 몇 분 만에 잠들었고 밤중에 몇 번 깼는지에 대한 정확한 평가는 물론 어렵습니다. 다만 기록에서 요구하는 것은 비교적 근접한 추정입니다. 너무 정확히 해야 된다는 부담은 갖지 않는 것이 좋습니다. 그런 부담이 수면을 방해할 수도 있으니까요.

기간: 월   일에서   월   일까지

1. 낮잠 잔 시간을 기록하세요. (예: pm 2:00~2:45)

월	화	수	목	금	토	일

2. 수면을 돕기 위해서 복용한 약이나 술이 있으면 기록하세요. (예: 맥주 1병, 수면제 1알)

월	화	수	목	금	토	일

3. 잠자러 간 시간을 기록하세요. (예: pm 11:00)

월	화	수	목	금	토	일

4. 불을 끈 후에 몇 분 만에 잠들었는지를 기록하세요.

월	화	수	목	금	토	일

5. 밤중에 몇 번이나 깼는지를 기록하세요.

월	화	수	목	금	토	일

6. 밤중에 깨서는 얼마 만에 다시 잠들었는지를 기록하세요.

월	화	수	목	금	토	일

7. 아침에 잠을 깬 시간을 기록하세요. (눈을 뜬 시간입니다.)

월	화	수	목	금	토	일

8. 아침에 이불 속에서(혹은 침대에서) 나온 시간을 기록하세요.

월	화	수	목	금	토	일

9. 아침에 일어나면 어떻습니까?

(아래에 열거한 것 중에서 해당되는 번호를 기록하세요.

1: 매우 피곤하다, 2: 개운치가 않다, 3: 그저 그렇다,

4: 약간 개운하다, 5: 아주 상쾌하다)

월	화	수	목	금	토	일

10. 어젯밤에 전반적으로 수면이 어떠했습니까?

(아래에 열거한 것 중에서 해당되는 번호를 기록하세요.

1: 자는 둥 마는 둥 했다, 2: 깊이 못 잤다, 3: 그저 그랬다,

4: 깊이 잤다, 5: 매우 깊이 잤다)

월	화	수	목	금	토	일

생각만큼 쉬운 일이 아니다. 더군다나 다른 사람의 지도나
감독하에 있지 않고 자발적으로 할 경우는 더욱 어려운 작업
이다. 〈수면일지〉 작성은 불면증 치료에서 환자 스스로가
노력해야 할 가장 기본적인 출발점이라는 것을 명심해야 한
다. ◆

3. 수면위생교육

1) 불면증과 수면위생

불면증을 치료하기 위해서 앞에서 행동치료와 인지치료를 언급했는데, 이 절에서는 불면증 치료에 도움이 되는 다양한 정보를 교육적인 차원에서 언급하고자 한다. 수면은 음식, 약물 사용, 운동 등의 건강관리와 관련된 일상적인 활동에 의해서도 영향을 받고 채광, 소음, 온도, 이불 등의 환경적인 요인에도 영향을 받는다.

하지만 이러한 수면위생교육만으로 불면증을 극복할 수 있느냐 하면 절대 그렇지 않다. 수면위생교육은 불면증을 극복하는 데 고려해야 할 치료요소 중 하나이며, 연구에서도 밝혀진 것처럼 제한된 치료 효과가 있을 뿐이다. 따라서 앞에서 열거한 다른 치료 접근들은 도외시하고 수면위생교육에서 배운

> ### 🔑 수면위생의 지시사항
>
> 1. 카페인은 흥분제이기 때문에 취침시간 4~6시간 전에는 카페인이 들어간 음식은 섭취하지 않는 것이 좋다.
> 2. 니코틴 역시 흥분제이기 때문에 취침시간에 즈음해서는 담배를 피우지 않는 것이 좋다.
> 3. 술은 처음에 잠들기는 쉽게 만들 수 있지만, 밤에 자는 도중에 잘 깨게 만들기 때문에 자기 전에 상습적으로 술을 마시는 것은 좋지 않다.
> 4. 가벼운 간식을 먹는 것은 잠이 드는 데 도움이 될 수 있다. 그러나 자기 전에 너무 많은 양의 음식을 섭취하는 것은 수면을 방해한다.
> 5. 취침시간 3~4시간 전에는 운동을 심하게 하지 않는 것이 좋다. 하지만 오후 늦게 규칙적인 운동을 하는 것은 숙면을 취하는 데 도움이 된다.

것만으로 불면증을 떨쳐버리려고 하는 것은 무리한 욕심이다. 수면에 대해서 이 같은 위생교육을 실시하는 것은 음식이나 건강 관련 여러 활동과 환경적인 요인이 수면에 미치는 영향에 대해서 자각하고 관련 지식을 습득함으로써 불면증 극복에 부가적인 도움을 주는 데 목적이 있다.

2) 불면증을 초래하는 음식

(1) 카페인

우리가 먹고 있는 음식들 중에는 중추신경계에 작용해서 각성수준을 높여주는 흥분제혹은 각성제 역할을 하는 음식이 있는가 하면, 반대로 각성수준을 낮춰주어서 졸리고 이완되게 하는 진정제 역할을 하는 음식도 있다. 이 중에서 불면증을 초래하는 것은 당연히 각성수준을 높여주어 흥분제 역할을 하는 음식들이다. 우리가 흔히 먹는 음식 중에서 각성제로 널리 알려진 것이 카페인이다.

커피와 차에는 카페인이 많이 들어 있으므로 자기 전에 이런 음료를 마시지 않는 것이 좋다. 한 잔의 커피에는 100∼200mg의 카페인이 들어 있으며, 차나 청량음료콜라 같은에는 50∼75mg의 카페인이 포함되어 있다.

달콤한 음료, 빵이나 과자에도 카페인이 들어 있으며, 우리가 주변에서 흔히 구할 수 있는 약에도 카페인이 들어 있다. 초콜릿에도 카페인이 들어 있다. 필자도 날씨가 쌀쌀해서 밤늦게 따뜻한 코코아를 한 잔 마셨다가 잠을 못 이뤄서 고생한 경험이 있다.

카페인은 의학계에서 마약으로 분류할 정도로 신체에 강한 각성 효과를 낸다. 카페인에서 또 하나 주목할 점은 매우 신속하게 신체에 작용한다는 것이다. 카페인은 몇 분 이내에 핏속으로 들어가 즉각적으로 신경학적인 효과를 내는데, 그 효과는 30분에서 1시간 사이에 절정에 이른다. 신체에 흡수되었다가 그 효과가 사라지기까지는 개인차가 있지만 대략 6시간 정도 걸린다. 성인의 경우는 카페인이 몸에서 없어지기까지 3~6시간 정도 걸리며, 나이 든 사람은 훨씬 더 느려서 24시간까지 걸리기도 한다.

카페인에 대한 민감성과 내성은 개인마다 다르고 수면에 미치는 효과도 개인차가 있다. 불면증 환자의 경우는 일반적으로 과잉 각성 상태에 있기 때문에 카페인에 특히 민감하기 쉽다. 이에 비해 카페인에 대해서 높은 내성을 지닌 사람은 커피를 웬만큼 많이 마셔도 수면에 거의 지장을 받지 않는다.

잠자기 2시간 전에 마신 한 잔의 커피는 보통 성인의 경우 잠들기까지 평소보다 2배 이상의 시간이 걸리게 만든다. 한 실험 연구에 따르면, 취침시간 30~60분 전에 카페인을 섭취하면 잠드는 데 더 오래 걸리고 자는 도중에 깨는 빈도도 증가하였다. 총 수면시간은 감소하였고 주관적인 수면의 질도 손상되었다.

(2) 니코틴

담배를 피울 때 나오는 주요 활성 성분인 니코틴은 카페인

과 마찬가지로 중추신경계를 흥분시키는 각성제 역할을 하며
중독성도 있다. 담배 연기에 들어 있는 니코틴이 뇌에 전달되
는 데는 약 8초가 걸린다. 그만큼 니코틴의 각성 효과는 즉각
적인데, 이렇게 생겨난 각성 상태는 매우 즐겁고 만족스러운
것으로 경험되며, 졸음을 줄이고 기억력을 증가시키는 기능
도 한다.

　많은 사람이 담배를 피우면 이완에 도움이 된다고 이야기
하지만, 니코틴의 실제 효과는 이완제가 아니라 흥분제 역할
이다. 따라서 많이 섭취하면 심장박동이 빨라지고 혈압이 증
가하는 등 생리적 각성수준이 높아져서 수면에 부정적인 영향
을 미친다. 몇몇 연구는 하루에 한 갑 정도의 담배를 피우는
흡연자들이 잠드는 데 어려움을 보인다고 보고하고 있다. 취
침 전에 지나치게 흡연을 하는 것은 밤에도 계속 각성수준을
고양시켜서 수면을 저해한다. 흡연자들이 밤에 잠이 안 올 때
나 한밤중에 깨어났을 때 흔히 하는 행동이 담배를 입에 무는
일인데, 이는 오히려 수면을 방해하는 나쁜 습관이다. 담배를
끊었더니 수면의 질이 향상되었다는 연구 보고도 있다. 담배
를 끊을 수 없다면 취침시간 전만이라도 담배를 피우지 않는
것이 좋다.

(3) 알코올

한 잔의 와인이나 맥주가 잠드는 데 도움이 된다고 이야기하는 사람이 많다. 한 조사에 따르면 18~45세 사이의 사람들 가운데 13%가 수면을 위해 알코올을 마신다. 하지만 카페인이나 니코틴과는 달리 알코올은 중추신경계 억제제임에도 가장 흔히 수면을 방해하는 물질이다. 자기 전에 술을 마시면 처음에는 잠이 빨리 들고 숙면을 하는가 싶어도, 수면의 후반부로 가면 자는 도중에 잘 깨고 아침에도 일찍 눈을 뜨게 되어서 전체 수면의 질은 나빠진다. 악몽을 자주 꾸고 심장박동률은 증가하며 땀을 흘리고 때로는 두통이나 위장 장애가 생길 수 있다. 소변을 자주 보는 것도 숙면을 방해한다. 결국 수면시간이 줄어들고 깊은 수면을 취하지 못하게 된다. 술을 마신 후에 자면 수면의 회복 효과가 떨어져 그다음 날에 더 피곤을 느끼게 된다.

안락한 수면을 취하기 위해서는 잠자기 4~6시간 전에는 술을 마시지 않는 것이 가장 좋다. 주변에서 밤에 잠이 안 와서 습관적으로 술을 한 잔씩 마시고 잠이 드는 사람을 가끔 볼 수 있는데, 이는 건강한 수면을 위해서는 좋지 않은 습관이다.

3) 그 밖에 수면에 영향을 주는 요인들

(1) 식사습관

많은 분이 배가 고프면 잠이 잘 안 오는 경험을 해보았을 것이다. 초저녁에 식사를 하고 늦게까지 공부하다 잠을 청할 때 잠이 안 오는 것은 공복 시에 교감신경계의 긴장도가 높아져 있기 때문이다. 이때는 우유를 마시거나 소화가 잘 되는 음식을 조금 먹으면 잠이 잘 온다. 일반적으로 무알코올, 무카페인 음식을 취침 전에 가볍게 섭취하는 것이 수면 유도에 도움이 된다. 그렇다고 너무 많은 음식을 섭취하면 소화기관에 부담을 주어서 수면을 저해한다. 또 저녁에 음료수를 지나치게 많이 마시면 소변이 자주 마렵기 때문에 지속적인 수면에 방해가 될 수 있다. 특히 노인의 경우는 더욱 그렇다.

(2) 운동

운동과 수면과의 관련성에 대해서는 여전히 논란의 여지가 많지만, 불면증과 관련해서 일반적으로 취침시간에 즈음해서는 심한 운동은 피하는 것이 좋다. 심한 운동은 자율신경계의 각성수준을 높여서 수면을 방해한다. 한편, 늦은 오후나 초저녁에 운동을 규칙적으로 하는 것은 수면에 도움이 될 뿐만 아니라 일반적인 스트레스 감소에도 효과가 있다.

(3) 침실 환경

안락한 수면을 위해서 조용하고 어두우며 적당한 온도를 유지해주는 것이 좋다. 집 가까이서 들리는 공사장 소음이나 차가 질주하는 소리에 잠을 못 이룬 경험을 많이 해보았을 것이다. 반면에, 불규칙하게 들리는 소음은 수면을 방해하지만, 여름날 밤에 들리는 개구리나 매미 울음소리 같은 단조롭고 규칙적인 소리는 오히려 수면에 도움이 되기도 한다.

지나친 채광은 누구에게나 수면을 방해하는 요인인데, 보통의 경우 밤에 수면을 취하므로 별 문제가 안 된다. 혹시나 외부에서 불빛이 들어오더라도 커튼으로 창을 가리면 어두운 침실을 만들 수 있어서 별 문제가 안 된다. 하지만 야간작업을 하는 사람은 부득이하게 낮에 잠을 자야 하므로 채광으로 인해서 수면에 어려움을 겪는 일이 흔하다.

수면을 위한 가장 적당한 온도는 따로 정해진 것은 없지만, 너무 덥거나 추우면 잠을 제대로 이루기 어렵다. 방 온도를 적당히 맞춰주는 것이 안락한 수면을 위해서 좋다.

이런 환경 요인에 대한 민감성은 개인에 따라 다르다. 어떤 사람은 어떤 환경에서건 잠을 잘 잘 정도로 환경적인 요인에 둔감하지만, 어떤 사람은 조금만 불편해도 잠을 못 잘 정도로 예민하다.

다음은 침구에 대해서 살펴보자. 요는 될 수 있는 대로 두꺼운 것이 좋으며, 너무 딱딱하거나 너무 푹신해도 좋지 않다. 이불은 얇고 가벼운 것이 좋으며, 추우면 두꺼운 이불을 하나 덮는 것보다는 얇은 이불을 여러 장 포개서 덮는 것이 좋다. 얇은 이불은 몸에 밀착되어 빈틈이 생기지 않아서 두꺼운 이불 한 장보다 여러 장의 얇은 이불을 포개서 덮는 것이 보온에 더 좋다.

(4) 목욕

목욕은 심신의 긴장을 풀어주기 때문에 수면에 도움이 되는데, 노인들이 즐기는 뜨거운 탕에 들어가서 하는 목욕은 심신을 자극하고 교감신경계의 활동을 활발하게 하기 때문에 오히려 수면을 어렵게 만들 수 있다. 자기 전에 목욕을 할 때는 40~42도 정도의 뜨겁지 않은 미온탕에 들어가는 것이 좋다. 이렇게 하면 마음의 긴장도 풀리고 몸도 알맞게 진정될 수 있어서 수면에 도움이 된다. ◆

4. 약물치료

잠이 안 올 때 이를 해결하기 위한 가장 손쉬운 방법은 가까운 약국을 찾아가 수면제를 사서 복용하는 것이다. 한 조사에 따르면, 불면증으로 치료를 받으러 찾아오는 사람의 약 80%가 수면제를 복용해본 경험이 있으며, 그중에서 50~60%는 잠이 안 올 때마다 습관적으로 수면제를 복용한다고 한다. 나이가 많을수록 그리고 남자보다는 여자가 수면제를 더 많이 복용하는 경향이 있다. 이처럼 수면제는 불면증을 앓고 있는 환자들 사이에서는 흔한 자가 처방이지만, 부작용이나 약물 의존성과 같은 부정적인 영향에 대해서는 간과하는 경우가 많다.

이 절에서는 약물치료가 어떤 역할을 하고 있으며 약물치료의 한계는 무엇인지를 살펴보고, 습관적인 약물 사용에 의해 생긴 약물의존성을 극복하기 위한 행동치료적인 방법을 구

체적으로 소개하고자 한다. 이를 위해서 먼저 불면증 치료에
주로 사용되고 있는 약물의 종류와 그 특징들을 간략하게 살
펴보겠다.

1) 약물의 종류

(1) 벤조다이아제핀계 수면제

　벤조다이아제핀계 수면제benzodiazepines들은 항불안제, 불안
완화제, 진정제 등의 다양한 명칭으로 불리는데, 그 기능은
2가지로 구분된다. 하나는 불안을 감소시키고 지나친 흥분 상
태를 누그러뜨리는 진정제 역할이고, 다른 하나는 졸음을 유
도함으로써 잠이 드는 것과 잠을 지속적으로 유지하는 것을
도와주는 수면제 역할이다. 일반적으로 많은 양은 수면제로
기능하고 적은 양은 불안완화제나 진정제 역할을 한다.

　모든 벤조다이아제핀계 수면제는 불면증을 단기간에 완화
시켜주는 효과가 있다. 연구에 따르면, 이 수면제는 잠이 잘
안 오는 사람을 쉽게 잠들게 해줄 뿐만 아니라 수면을 지속적
으로 유지하는 데도 효과가 있었고, 전체 수면시간을 증가시
켜주었다.

　벤조다이아제핀계 수면제들은 흡수율과 대사시간에서 차
이가 있다. 흡수가 빠른 것은 약효가 그만큼 빨리 나타나기 때

문에 수면시작 불면증에 더 효과적이며, 약효가 오래 유지되는 것은 몸 밖으로 배설되기까지 시간이 오래 걸려서 수면유지 불면증에 유용하다. 따라서 잠들기에 어려움이 있는지, 수면을 지속적으로 유지하는 데 어려움이 있는지에 따라 다른 종류의 약물이 처방될 수 있다. 주로 사용되고 있는 벤조다이아제핀계 수면제는 다음과 같다.

플루라제팜은 빨리 흡수되고 늦게 배설되기 때문에 수면을 유도하는 것과 유지하는 데 모두 효과가 있는 약물이다. 테마제팜은 비교적 느린 흡수율을 보이기 때문에, 잠드는 데보다는 수면을 유지하는 데 어려움이 있는 환자에게 더욱 적절하다. 흔히 나이 든 불면증 환자가 수면유지에 어려움이 많아서 이들에게 널리 활용되고 있으며, 낮 동안의 활동에 주는 영향도 비교적 적고 내성도 적은 편이다. 트리아졸람은 흡수율이 빠르고 빨리 배설되는 약물로, 잠을 빨리 들게 하는 데 효과적이며, 체내에 오래 머무는 약물에 비해서 낮 동안에 졸리는 증상이 덜하다. 하지만 아침에 일찍 깨게 하거나 낮 동안에 불안감을 유발할 수 있다.

(2) 항우울제

우울증 같은 정동장애에 수반되는 불면증의 경우는 대개 진정 효과가 있는 삼환계 항우울제가 효과가 있다. 특히 자살

위험이 있는 환자에게는 벤조다이아제핀보다 항우울제
antidepressants를 더 우선적으로 권한다. 아미트립틸린과 트리미
프라민은 잠을 쉽게 들게 해주고 수면의 지속성을 돕는다. 우
울증 환자의 불면증을 해소하기 위해서 널리 사용되는 비삼환
계 약물인 트라조돈은 심장혈관계에 주는 부작용도 삼환계 약
물에 비해서 더 적다. 최근 들어서는 우울증이 없는 경우에도
불면증을 치료하기 위해서 벤조다이아제핀보다 항우울제를
처방하는 의사가 점차 많아지고 있다.

　이상에서 소개한 벤조다이아제핀계 수면제와 항우울제 외
에도 세코바비탈, 아모바비탈, 펜토바비탈 등의 바비튜레이
트계 수면제들이 있는데, 이들은 중독성이 강하고 의존성이
높으며 다른 약물과 쉽게 상호작용이 일어나는 문제점이 있기
때문에 최근에는 거의 처방되지 않는다. 그 밖에도 최근에 졸
피뎀과 졸피돈과 같은 비벤조다이아제핀계 수면제도 개발되
어서 불면증 치료에 사용되고 있다.

2) 약물치료의 한계와 부작용

　사랑하는 가족과 사별했거나 직장에서 해고당하는 것과 같
은 심한 스트레스로 인해서 일시적으로 정신적인 충격을 받았

을 때 흔히 잠을 제대로 못 이루기 쉽다. 이럴 경우 단기간 수면제를 복용해서 불면증이 만성화되는 것을 막고 스트레스로 인한 불면을 완화시키는 것이 좋다. 하지만 처음에 불면증을 촉발시켰던 스트레스가 사라진 뒤에도 계속해서 수면제를 복용하는 것은 불면증에 대한 개인의 통제 능력이나 대처 능력을 감소시키고 불면증에 대한 공포심을 길러준다. 그 결과 수면제에 더욱 의존하게 되는데, 이는 만성불면증에 대한 매우 좋지 않은 치료방법이다.

대부분의 전문가는 만성불면증에 대한 약물치료의 효과에 회의적이다. 이에 더해서 수면제 복용은 치료 동안에 정상적인 수면단계에 변화를 가져와 수면의 질을 저하시키며, 낮 동안에도 수면제의 약효가 지속되어서 주간 활동에 지장을 초래하기까지 한다. 복용을 중단한 뒤에는 불면증이 더 심해지기도 하며, 약물의존성이 생겨서 약을 쉽게 끊을 수 없게 될 수도 있다.

대부분의 수면제는 수면구조에 변화를 초래하는데, 각 수면단계에 정상적으로 소요되는 시간의 양에 영향을 끼쳐서 각 단계별 시간 균형을 깨트린다. 예를 들면, 거의 대부분의 벤조다이아제핀계 수면제는 2단계 수면은 증가시키고 3단계와 4단계 수면은 줄인다. 3단계와 4단계는 깊은 수면단계로서 이 단계의 수면부족은 수면의 질을 현저히 저하시킨다. 어떤 경우는 REM 수면을 감소시키기도 한다.

수면제를 복용하면 낮 동안에 많이 졸리고 인지 능력과 정신운동 능력에 지장을 받는다. 특히 대사에 오랜 시간이 소요되고 배설이 늦게 되는 약물은 빨리 배설되는 약물에 비해서 주간 졸림증이 더 심한데, 이로 인해서 낮 동안의 기능 수준이 저하되기 쉽다. 노인 불면증 환자는 낮 동안에 몰려오는 졸음으로 인해서 쉽게 넘어져 골절상을 입기도 한다. 또한 수면제로 인한 주간 졸림증은 자동차 사고의 가능성도 높이기 때문에, 낮 동안에 운전을 많이 하는 불면증 환자는 수면제 복용에 각별히 주의해야 한다. 모든 벤조다이아제핀계 수면제는 기억력을 저하시킬 수 있으며, 특히 수면제를 복용한 이후의 일들에 대한 기억력이 저하될 가능성이 높다.

약물의 종류나 개인에 따라 차이는 있지만, 대부분의 수면제는 복용 기간이 길어질수록 내성이 증가하기 때문에 같은 효과를 내기 위해서는 약물의 용량을 계속해서 증가시켜줘야 한다. 수면제의 효과를 계속 유지하기 위해서 약물의 양을 증가시키다 보면 결국에는 최고 용량을 복용해도 별 효과가 없게 되는 지점에까지 이르게 된다. 약물을 끊게 되면 불면증은 더 심해지고 어쩔 수 없이 다시 약물을 복용하게 되는 악순환이 계속된다. 이렇게 되면 불면증 환자는 약물 없이는 잠을 잘 수 없다는 믿음을 더 확실하게 갖게 되고 불면증에 대한 불안감은 더욱 고조되기 마련이다. 그 결과 약물에 대한 의존성은 더욱 높아지고 불면증은 만성화될 수밖에 없다.

3) 약물치료 시 고려할 점

앞에서도 언급한 것처럼 상황적인 스트레스로 인한 일시적인 불면증이라면 단기간에 걸친 약물 복용은 불면증을 극복하는 데 도움이 된다. 장거리 여행으로 인한 시차 적응에 어려움이 있어 겪게 되는 불면증에도 수면제가 도움이 된다. 하지불안 증후군이나 간헐적 사지운동과 같은 수면장애로 인한 불면증, 심한 통증을 수반하는 질환으로 인한 불면증, 또는 정신질환으로 인한 불면증 등에도 수면제 처방이 유용하게 사용될 수 있다. 하지만 심리생리적 불면증과 같이 심리적인 요인이 중요하게 작용하는 불면증의 경우는 불면증을 만성화시키는 악순환의 고리를 끊기 위한 심리치료적인 개입이 우선되어야 하고, 여기에 부가적으로 약물치료가 고려되어야 한다.

심한 심리적 충격으로 인해서 일시적으로 수면 문제를 겪는 것은 스트레스에 대한 정상적인 반응으로, 각성 상태가 높아져 흔히 불면증을 겪게 된다. 이 경우 당장의 불면이 너무 고통스럽고 낮 동안의 생활에 지장을 많이 준다고 생각되면 단기간에 걸쳐서 일시적으로 수면제를 복용해서 적절한 수면을 취하는 것이 유용할 수 있다. 불면으로 인해서 이렇게 급박하게 도움을 필요로 하는 경우에 장기간의 시간을 요하는 인지행동치료적인 개입을 권하는 것은 당사자의 절박한 요구를 소홀히 하는 것일 수 있다. 수면제를 통해서 당장의 불면으로 인한 고통을 덜어줌으로써 불면증에 대한 공포심을 줄일 수 있고, 장기적으로 볼 때는 불면증이 만성화되는 것도 미리 예방할 수 있다.

불면증 치료에 대한 대부분의 문헌에서 약물치료만으로 만성불면증을 치료하는 것은 무리가 있으며 실패할 가능성이 높다고 이야기한다. 약물치료와 행동치료의 효과를 비교한 몇몇의 연구를 살펴보면, 약물치료는 당장에는 더 빨리 효과가 나타나지만 시간이 경과하면 곧 시들해진다. 반면, 행동치료 혹은 행동치료와 약물치료를 결합해서 적용했을 때는 치료 효과가 지속적으로 유지되었다. 미국 국립보건원에서는 어떤 경우에서건 약물 복용은 단기간에 걸쳐서 처방되어야 하며, 습관적인 남용을 막기 위해서는 일주일에 두 번 이상 복용하지 말라고 권한다.

임산부, 약물남용자, 수면무호흡증 환자 등은 벤조다이아제핀은 삼가는 것이 좋으며, 밤중에 갑자기 근무를 서거나 출동을 해야 하는 일에 종사하는 사람들도 일에 지장이 있기 때문에 복용을 피하는 것이 좋다. 노인은 젊은 사람에 비해서 약

물에 특히 민감하고, 대사하는 데 시간이 오래 걸리며, 중독의
위험도 더 높기 때문에, 젊은 사람보다 소량만 복용하는 것이
좋다.

만성불면증의 경우는 인지행동적인 치료에 부가적으로 약
물 사용을 고려해보는 것이 더 유용하다. 수면제를 복용하면
본인이 의도하지는 않았더라도 처음과는 달리 항상 장기화될
위험성이 있기 때문에, 의사의 처방이나 지시에 따라 주의해
서 복용해야 한다. 또 한 가지 유념해야 할 것은, 수면의 어려
움이 있을 때마다 수면제를 복용하다 보면 불면증에 대해서
스스로 적절히 대처할 수 있는 기술이나 능력을 개발하는 것
을 소홀하게 된다는 점이다. 만성불면증을 지속시키는 요인
중의 상당 부분이 부적응적인 수면습관과 수면에 대한 잘못된
생각들이라는 것을 감안해볼 때, 잠이 안 올 때마다 수면제에
의존하는 것은 자신도 모르게 불면증을 만성화시키는 결과를
초래할 수 있다.

4) 약물 관리

(1) 약물의존성

갑작스럽게 정서적 충격을 심하게 받고 불면의 밤을 며칠
보내고 나면 수면제라도 먹어서 잠을 제대로 자야겠다는 생각

4. 약물치료 ✳ **167**

에 수면제를 복용하게 된다. 이렇게 시작된 수면제 복용은 일부 사람의 경우 장기화될 수 있다. 한 조사에 따르면, 수면제 사용자의 11%가 1년 이상 장기간 수면제를 복용하고 있었다. 수면제를 매일 밤 규칙적으로 사용하다 보면 약에 대한 내성이 생겨서 같은 효과를 얻기 위해서는 약의 양을 점점 늘릴 수밖에 없다. 그러다 보면 약의 허용치에서 최고 양을 복용해도 불면증을 완화시키는 데는 별로 효과가 없는 수준까지 이르게 된다. 그렇게 되면 수면제가 더 이상 수면을 돕는 데 효과가 없기 때문에 자연히 약을 끊으려고 시도하게 되는데, 그러면 환자는 이전보다 불면증이 더 심해지는 것을 경험한다.

수면제를 끊었을 때 불면증이 이전에 비해서 더 악화되는 것은 약을 끊은 뒤에 오는 자연스러운 반응이며, 시간이 지나면 자연히 불면증은 줄어들게 된다. 하지만 약을 끊자마자 불면증이 더 심해지는 것을 경험하는 당사자는 이전처럼 다시 불면증이 심해지는 것은 아닌지 심각하게 걱정하고 다시 약을 복용하게 된다. 결국 환자는 약을 먹지 않으면 불면증은 나아지지 않는다는 그릇된 믿음을 더 강화한다. 이렇게 해서 약을 다시 복용하면 다시 내성이 생기고 약효는 점차 떨어지는 악순환이 반복되면서 약물에 대한 의존성이 생기게 된다.

수면제를 끊기 힘들게 만드는 심리적 요인과 앞에서 언급한 수면제 복용 중단 후에 오는 일시적인 불면증 악화를 파국

적으로 해석하는 것과 함께, 수면제 사용자가 보는 수면제 효
과에 대한 잘못된 지각이 있다. 수면제를 사용하고 있는 불면
증 환자는 수면제의 효과를 실제보다 과장되게 긍정적으로 추
정하는 경향이 있다. 한 연구에 따르면, 수면제 복용 시에는
수면지속시간을 EEG 검사 결과보다 72분까지 과장되게 추정
하였다. 이에 비해서 수면제 사용을 중단했을 때는 수면의 질
을 부정적으로 평가하는 경향이 있었다. 이런 왜곡된 지각은
수면제 사용을 더욱 부추긴다. 이렇게 해서 생겨난 약물의존
성은 약물 사용에 대한 교육과 적절한 행동치료적인 개입으로
충분히 해결될 수 있는 문제다.

(2) 약물 끊기 프로그램

① 약물을 끊으면 어떤 일이 일어나는가

불면증으로 고생하면서 수면제를 장기간 복용해오다가 갑
자기 수면제를 끊는다는 것은 매우 어려운 일이고 여러 가지
부작용을 초래할 수 있다. 습관적으로 사용해오던 수면제를
하루아침에 딱 끊는 것은 다분히 욕심이 앞선 비현실적인 기
대인 경우가 많다. 수면제를 끊기 위해서는 약을 처방한 의사
와 신중하게 상의해야 함은 물론이고, 장기간에 걸친 체계적
인 계획과 본인의 인내와 약을 끊겠다는 굳은 의지 등이 절대

적으로 요구된다.

수면제를 완전히 끊겠다는 본인의 의지가 확실히 있더라도, 때로는 이런 결심이 현실을 무시한 것일 수도 있다. 예를 들면, 현재 이혼이나 사별 같은 심각한 스트레스를 겪고 있는 상황이거나 급성 통증으로 불면에 시달리는 경우는 수면제를 완전히 끊는 것은 바람직하지 않을 수 있다. 그럴 경우는 일시적으로 수면제를 복용하면서 당분간 스트레스나 급성 통증이 사라지기를 기다리는 것이 좋다.

약물을 끊기 위해서는 먼저 약효가 나타나기까지 걸리는 시간, 약효의 지속시간, 수면에 미치는 영향, 부작용 등 약물의 특성을 상세히 알아두는 것이 좋다. 이런 교육은 약물에 대한 이해를 바로 해줄 뿐만 아니라, 낮 동안에 나타나는 여러 가지 부작용을 수면 문제 탓으로 잘못 귀인하는 오류를 바로 잡아준다.

수면제의 주류를 이루는 벤조다이아제핀계 수면제 복용을 중단하면 우선 불면증이 심해지고 불안감, 짜증, 피로감, 두통, 근육경련, 구역질, 지각적 예민성의 증가 등을 보일 수 있다. 약물의 종류와 복용량, 반감기 등에 따라서 효과의 정도는 다를 수 있으며, 약효의 지속기간이 짧을수록 그리고 약물복용을 갑자기 중단할수록 이러한 증상들은 더 심해진다. 일시적으로 불면증이 악화되고 불안감이 높아지더라도 이를 지나치게 심각하게 해석하지 말고 약물중단에 따른 자연스러운 현상으로 받아들여야 하며, 성급하게 다시 수면제를 복용하는 일이 없도록 주의해야 한다.

② 약물 끊기 일정 세우기

수면제를 끊기 위해서는 매주 일정량의 수면제를 점진적으로 줄여나가야 하는데, 줄여나가는 수면제의 양이나 속도는 본인이 할 수 있다고 자신할 수 있는 수준이어야 한다. 물론 약물의 종류, 기존의 약물복용량과 빈도, 지금까지 약물을 사용해온 기간 등을 고려해서 개인에게 알맞게 맞춰야 한다.

약물을 줄이기 위한 첫 단계는, 현재 사용 중인 약물의 양을 허용치의 최소량으로 줄이고 그 수준에서 계속 유지하는 것이다. 예를 들어, 플루라제람 30mg을 매일 밤 복용해왔다면 최소 허용량인 15mg으로 줄여서 유지한다. 몇 가지 수면제들이 같이 사용되었으면 한 가지 약물만 복용하도록 한다. 이러한 작업을 하는 데 1~2주 정도 걸린다.

대개 불면증 환자는 약물을 매일 밤 복용하기보다는 일주일에 2~3일 정도로 간헐적으로 사용한다. 물론 이렇게 사용하는 것이 내성도 낮춰주고 약효를 오래 유지시키는 이점이 있다. 하지만 이와 같이 간헐적으로 약물을 복용하면 약물에 대한 의존성은 더 높아지기 때문에, 약물을 끊기 위해서는 가

4. 약물치료 ✳ 171

능하면 가장 최소량을 매일 밤 복용하는 것이 좋다.

일단 최소량을 안정되게 복용했으면 다음 단계로 넘어간다. 다음 단계는 약물을 복용하지 않는 날을 포함시키고 반드시 미리 정해진 날에만 약물을 복용하는 것이다. 처음에는 일주일에 하루 정도 복용하지 않다가 다음 주에는 이틀 밤을 복용하지 않는 식으로 약물을 복용하지 않는 날을 점차적으로 늘려간다. 처음에는 주말 밤에 약물을 복용하지 않는 것이 좋다. 주말에는 다음 날 일이 없기 때문에 잠을 잘 못 자더라도 부담이 훨씬 덜해서 불안감이 줄기 때문이다.

무엇보다도 약물은 반드시 정해진 날 정해진 시간예: 취침시간 30분 전에 복용해야 한다. 잠이 오든 안 오든 상관없이 무조건 정해진 요일과 시간에 약물을 복용하도록 한다. 잠이 잘 온다고 해서 약물을 중단하면 안 된다. 처음에는 이렇게 정기적으로 약물을 복용하면 자신이 느끼기에 약물이 필요 없다고 생각할 때도 약물을 복용하기 때문에 약물의 사용량이 더 많아질 수도 있다. 하지만 이 방법은 잠이 오지 않는 것과 약물복용 간의 관련성을 떨어뜨리기 때문에 약물 사용을 줄여나가는 데 장기적으로는 도움이 된다.

제시된 약물 끊기 일정의 예를 보면 첫 면접과 처음 2주 동안 환자의 약물사용 양상에 대해서 관찰한 것이 기록되어 있다.

이 환자는 매일 밤 2mg의 프로솜을 비교적 안정되게 복용

◆ 약물끊기 일정의 예

주	약물 유형	복용량(mg)	약물복용(일)	
			실제	목표
첫 면접	프로솜	2	7	–
1주	프로솜	2	7	–
2주	프로솜	2	7	–
3주	프로솜	1	7	7
4주	프로솜	1	6	5
5주	프로솜	1	5	5
6주	프로솜	1	4	4
7주	프로솜	1	4	3
8주	프로솜	1	3	2
9주	프로솜	1	1	1
10주	프로솜	1	0	0

하고 있는 것으로 보이며, 3주째에는 프로솜의 최저 용량인
1mg을 매일 밤 규칙적으로 복용하고 있다. 그래서 일주일에
7일간 1mg씩 실제로 복용한 것을 확인할 수 있다. 4주째부터
는 복용하는 날을 단계적으로 줄여나가 10주째에는 목표한
대로 약물을 전혀 복용하지 않았다.

불면증으로 고생하면서 장기간 수면제를 복용해오던 사람
이 약물을 끊기 위해서 줄여나가다 보면 여러 가지 어려움에
부딪친다. 약물 중단으로 인한 여러 가지 금단 증상이 나타나
며, 혹시라도 다시 불면증이 더 악화되지 않나 매우 불안하게

된다. 이런 점들을 감안해볼 때, 일반적으로 약물 끊기 프로그램과 함께 불면증에 대한 인지행동치료와 같은 심리치료를 병행하는 것이 환자의 걱정과 불안감을 덜어주고 처음에 목표한 대로 약물을 끊게 하는 데 도움이 된다. 특히 만성불면증이 심한 사람의 경우는 인지행동치료적 개입을 약물 끊기 프로그램에 선행하거나 병행하는 것이 좋다. ◆

수면-각성 장애

4

1. 수면-각성 장애의 주요 증상

　이 장에서는 정신질환에 포함되어 있는 제반 수면-각성 장애들Sleep-Wake Disorders에 대해서 간략하게 소개하겠다. DSM-5에서는 수면-각성 장애를 불면장애불면증, 과다수면장애, 수면발작증, 호흡관련 수면장애, 일주기 리듬 수면-각성 장애, 수면이상증비REM 수면-각성 장애, 악몽장애, REM 수면 행동장애, 초조성 다리증후군, 물질/약물 유도성 수면장애 등으로 구분하고 있다.

　대부분의 수면장애가 보이는 증상은 다음의 4가지 중에 포함되어 있다. 잠을 잘 못 자는 불면증insomnia, 너무 많이 자는 과수면증hypersomnia, 자는 중에 비정상적인 경험을 하는 수면이상증parasomnia, 생활 리듬에서 벗어난 수면주기를 보이는 수면각성주기 장애 등이 그것이다.

• 불면증

불면증은 입면이나 수면 유지에 어려움이 있거나 혹은 아침에 너무 일찍 깨는 것 등이 주요 증상이며, 불면증의 지속 기간에 따라서 일시적인 불면증과 만성불면증으로 구분된다. 대개 사별이나 이별과 같은 상실 경험, 생활상의 큰 변화, 가족이나 직장에서의 심각한 갈등 등이 있으면 심한 불안감이나 우울감을 보이며 정상적으로 수면을 이루기 어려운 경우가 많다. 이런 불면증은 시간이 지나면서 처음에 불면증을 촉발시켰던 스트레스 요인이 사라지거나 스트레스에 적응하게 되면 자연히 없어지게 된다. 이런 불면증을 급성_{단기}불면증이라고 한다.

하지만 일부 사람들은 처음에 불면증을 촉발시켰던 스트레스가 해결되거나 보통사람 같으면 적응되었을 만큼 오랜 시간이 지났는데도 계속해서 불면증을 호소하는 경우가 있는데, 이같이 불면증이 장기간_{대개 3개월 이상}에 걸쳐 지속되는 경우를 만성불면증이라고 부른다. 불면증에 대해서는 앞에서 자세히 언급했기 때문에 수면-각성 장애의 종류를 소개할 때는 불면장애는 생략하였다.

• 과수면증

과수면증은 수면의 양이 보통 사람에 비해서 많음에도 불구하고 낮 동안에 지나친 졸림을 경험하는 것을 말한다. 수면 기간은 짧게는 수 시간에서 길게는 며칠간 지속되며, 깨우기가 매우 힘들고 힘들게 깨워도 거의 제정신을 차리기 힘들 정도로 의식이 분명하지 않다. 낮에 졸음이 올 때 심한 경우는 깨어 있다가 갑자기 참기 어려울 정도의 졸음이 몰려올 때도 있는데, 이를 수면발작이라 한다.

대개의 수면발작은 약 15분 정도의 짧은 기간 동안 지속되며 밤낮 구별 없이 나타난다. 또한 잠이 쏟아질 것을 예고하는 어떤 징후도 없이 갑자기 나타나는데, 식사나 대화 중은 물론이고 차를 운전할 때도 수면발작이 일어난다. 이러한 증상이 있는 사람은 자동차 사고를 일으키기가 매우 쉬우며, 이러한 문제로 수면 클리닉을 찾는 경우가 많다. 잠에서 깨어난 후에는 의식이 매우 명료해지며, 발작이 있은 후 몇 시간 이내에는 다시 나타나지 않는다.

과수면증은 피곤하거나 몸이 허약해서 느끼는 졸음과는 다르며, 불면증보다는 드물지만 주위에서 심심찮게 발견할 수 있다. 수면발작증이 그 대표적인 예이고, 그 외에 수면무호흡증에서도 과수면증이 흔히 관찰되며, 월경에 수반하는 과수면증도 있는데 이 경우는 비월경 시에는 수면이 정상으로 돌아온다. 그 밖에도 지나친 식욕과 관련된 클레인-레빈Klein-Levin 증후군과 비만과 호흡곤란이 있는 피크위키언Pickwickian

증후군 등에서도 과수면증을 보인다.

• 수면이상증

수면이상증은 각성 시에나 볼 수 있는 행동이 수면 중에 일어나는 것으로, 이런 이상행동은 흔히 수면의 3, 4단계에서 일어나기 때문에 당사자는 거의 기억을 못한다. 흔히 말하는 몽유병이 여기에 해당되며, 잠꼬대나 이갈이도 넓게는 여기에 포함된다.

• 수면각성주기 장애

수면각성주기 장애는 수면각성주기가 생활에 바람직한 생체주기와 맞지 않는 것으로, 환자가 자고 싶을 때 잘 수 없는 증상을 공통으로 보인다. 낮에 직장에서 일을 할 때와 같이 완전히 깨어 있어야 할 때 잠이 오고, 남들이 다 자는 밤에는 잠이 오지 않는 각성 상태가 유지된다. 이러한 수면각성주기 장애를 갖고 있는 사람은 처음에는 불면증이나 졸림을 호소하며 병원을 찾지만, 면담을 통해 이들이 수면각성주기에 문제가 있음을 확인할 수 있다. ◆

2. 수면-각성 장애의 종류

1) 과다수면장애

과다수면장애Hypersomnolence Disorder는 심한 졸림 때문에 일상생활에 지장을 겪는 것으로, 최소 7시간 이상의 수면을 취했음에도 심한 졸음을 호소하며 다음 중 한 가지 이상의 증상을 보인다. ① 같은 날에 반복적으로 자거나 잠이 듦. ② 매일 9시간 이상 수면을 취함밀린 잠을 자는 것이 아님. ③ 갑자기 깬 후에 충분히 각성 상태에 이르지 못함. 이런 과도한 졸음이 한 주에 3일 이상 나타나고 3개월 이상 지속되어 일상생활에 현저한 지장을 초래할 때 과다수면장애로 진단될 수 있다.

과다수면장애 환자의 야간 수면의 질은 정상이라서 빨리 잠이 들고 지속적인 수면을 취하지만 아침에 깨기 어렵고 낮에 졸음과 피곤함을 호소한다. 낮잠도 흔히 자지만 자고 나도 개운치 않다. 이로 인해 작업 효율성의 저하, 집중력의 감소, 기억력 감소 등을 보인다. 흔히 게으르고 무기력한 사람으로 오해받기도 한다.

주간 졸음을 호소하며 수면장애 진료소를 찾는 사람 중에 약 5~10%가 과다수면장애로 진단된다. 과다수면장애는 전형적으로 15~30세 사이에 시작되며, 몇 주에서 몇 개월 동안 서서히 진행된다. 환자 중에는 우울 증상을 보이는 경우가 많은데, 이는 과다한 졸음으로 인한 부작용인 경우가 많다.

2) 수면발작증

수면발작증Narcolepsy은 낮 동안에 불가항력으로 지나치게 졸리는 증상과 REM 수면 상태의 비정상적인 출현을 최소한 3개월 동안 보이는 장애로 흔히 기면증이라 불리기도 한다. 낮 동안에 비정상적으로 겪게 되는 REM 수면은 입면환각, 졸도발작, 수면마비 등을 동반한다. 또한 입면 후에 10분이 채 안 되어서 REM 수면을 보이는 것도 수면발작증의 증거로 볼 수 있다sleep-onset REM period. 정상인의 경우는 입면 후에 NREM 수면을 먼저 보인다.

수면발작증 환자가 가장 흔히 보이는 증상은 수면발작으로, 이는 낮 동안에 저항할 수 없는 졸음이 몰려드는 것이다.

대개는 15분이 안 되는 짧은 시간 동안 잠에 빠지는데, 밤낮에 구애되지 않고 나타난다. 대부분 사전에 수면발작이 일어난다는 어떤 징조도 없으며, 어떤 경우는 식사나 운전 중에도 나타나며 대화나 성관계 중에도 일어날 수 있다. 수면발작 시에는 잠들지 않으려는 어떤 노력도 소용없다. 수면발작이 있고 난 뒤에는 개운하고 의식이 명료해져서 이후 몇 시간 동안은 수면발작이 다시 나타나지 않는다.

졸도발작은 화를 내거나 즐거운 상태와 같이 감정이 고조되거나 흥분된 상태에서 주로 발생하는 것으로, 운동 근육이 갑자기 이완되면서 쓰러지는 증상이다. 30초에서 15~30분가량 지속되며, 기면증 환자의 약 60%가 졸도발작을 보인다.

수면마비는 잠들려고 할 때나 잠이 깨려고 할 때 목소리조차 낼 수 없을 정도로 전신근육이 마비되는 것을 경험하는 것이다. 마치 무거운 물체나 사람이 앉아있는 것처럼 느껴지지만 꼼짝할 수 없기 때문에 심한 불안과 공포에 빠진다. 대개 30~60초간 지속되며, 졸도발작과는 달리 이름을 부르거나 흔들면 수면마비에서 벗어날 수 있다.

수면발작증 환자는 잠에 들려고 할 때 경험하는 입면 시 환각과 막 잠에서 깨어날 때 경험하는 출면 시 환각을 경험하기도 한다. 환자의 약 20~40% 정도가 이런 환각을 경험한다.

이상에서 열거한 것처럼 수면발작증은 수면발작을 주 증상으로 보이면서 보조 증상으로 졸도발작, 수면마비, 입면출면환 각 등을 보인다. 수면발작증 환자 중에서 4가지 증상을 모두 보이는 경우는 10% 정도에 지나지 않으며, 졸도발작을 동반 하는 경우가 제일 많다. 수면발작증 환자의 90% 이상이 밤에 깊은 잠을 이루지 못하고 자주 깬다고 보고하며, 약 25% 정도 는 깨어 있는 동안에 자동행동을 수 분에서 수 시간 보이기도 한다.

수면발작증은 15~25세 사이에서 가장 많이 발병하며, 1만 명에 4명 정도의 유병률을 보인다. 수면발작증의 원인은 아직 정확하게 밝혀지진 않았지만 유전적인 요인이 강하게 작용하 는 것으로 알려져 있다. 뇌손상이나 뇌염과 같이 중추신경계 질환 후에 오는 경우를 이차성 수면발작증이라고 부른다. 수 면발작증 환자의 약 40%가 다른 정신질환을 함께 보이거나 과거에 정신질환을 앓았던 경력이 있다는 보고가 있다. 특히 기분장애가 가장 흔하며 물질관련 장애와 범불안장애가 그다 음 순이다. 수면발작증을 치료하기 위해서 각성수준을 증가 시키는 약물이 주로 사용되고 있다. 그 외에 식이요법, 적절한 운동과 사회활동, 수면-각성 패턴 조성 등이 치료에 활용되기 도 한다.

3) 호흡관련 수면장애

호흡관련 수면장애Breathing-Related Sleep Disorder는 수면 동안에 일어나는 호흡관련 문제로 인해 과도한 졸음이나 불면증이 유발되는 경우로, 수면 중에 규칙적인 호흡이 어렵거나 한동안 호흡을 멈추는 현상이 나타나며 이로 인해 잠에서 자주 깬다. 호흡관련 수면장애의 주요 증상은 과도한 졸음이다. 밤에 정상적인 호흡이 어려워 자주 깨기 때문에 숙면을 취하지 못해 이런 졸음이 발생한다. 호흡관련 수면장애에서 나타나는 호흡장애는 크게 3가지 유형이 있는데, 첫째는 폐색성 수면무호흡증 및 호흡저하증Obstructive Sleep Apnea Hypopnea으로, 수면 중에 기도가 막혀 5번 이상의 무호흡증이나 호흡저하증이 반복적으로 나타나는 경우에 진단된다. 과체중인 사람에게 흔히 나타나며 보통 20~30초 동안 호흡이 정지된 후에 코를 심하게 고는 경향이 있다. 본인은 코 고는 소리나 호흡곤란을 자각하지 못하는 경우가 많으며 낮 시간에 과도한 졸음을 경험한다. 둘째는 중추성 수면무호흡증Central Sleep Apnea으로 기도의 막힘은 없으나 신경학적 질환이나 심장질환으로 인하여 수면 중에 다섯 번 이상의 호흡정지가 나타나는 경우다. 끝으로 수면관련 환기저하증Sleep-Related Hypoventilation은 수면 중에 호흡기능이 저하되면서 동맥의 이산화탄소 수준이 증가하는 현상으로 과체중인 사람에게서 대부분 나타나며 과도한 졸음이나 불면증을 자주 호소한다. 코 고는 것 자체는 질환이 아니지만 코를 골 때 호흡저하증이나 무호흡증이 나타날 가능성이 높기 때문에, 코를 심하게 고는 사람은 수면무호흡증을 의심해보아야 한다. 수면무호흡증 환자가 수면제나 알코올 같은 중추신경 억제 작용을 하는 약물을 사용하면 호흡이 더 억제되므로 조심해야 한다.

이 장애를 앓는 사람은 잠에서 깨도 개운하지 않고 자기 전보다 아침에 더 심한 피로감을 경험한다. 수면 중에 입이 말라 밤중이나 아침에 일어나서 물을 마시며, 아침에 일어나서 두통을 호소하기도 한다. 주간의 졸음으로 인해 기억력과 집중력의 저하, 안절부절못하는 모습 등을 보일 수 있다.

폐색성 수면무호흡증과 관련된 수면장애의 유병률은 성인 인구의 약 1~10%로 추정되며 성비는 약 8:1로 남성이 훨씬 높다. 대부분 40~60대 사이에서 발생하며, 노인에게 더 흔하다. 폐색성 수면무호흡증은 체중 감량을 통해서 치료되는 경우도 있지만, 대개는 점차 심각해져 심혈관계 질환이나 부정맥으로 인해 사망하는 경우가 종종 있다. 호흡관련 수면장애는 수면 중의 호흡을 원활하게 함으로써 치료할 수 있다. 증상이 심하지 않은 경우는 잠자는 자세를 바꾸거나 호흡기능을 방해하는 요인을 없앰으로써 호전될 수 있다.

4) 일주기 리듬 수면-각성 장애

일주기 리듬 수면-각성 장애Circadian Rhythm Sleep-Wake Disorder
는 수면과 각성의 주기가 생체 내에서 요구하는 것과 환경에
서 요구하는 것 간에 차이가 심해서 과도한 졸음이나 불면이
반복되고, 이로 인해 현저한 고통을 느끼거나 사회적 및 직업
적인 부적응이 나타날 때 진단된다.

이 장애는 5가지 유형으로 구분된다. 첫째 유형은 지연된 수
면단계형delayed sleep phase type으로 수면-각성 주기가 사회적으
로 요구되는 것보다 지연되어 있는 경우를 말한다. 한 예가 아
침에 늦게 일어나고 밤 늦게까지 깨어 있는 올빼미형 수면-각
성 주기를 갖고 있는 사람들이다. 이들은 아침에 출근하는 직
장생활에 적응이 어렵다. 청소년의 경우에 지연된 수면단계형
의 유병률이 약 7%라는 보고가 있다. 이를 치료하기 위해서
는 수면시간과 깨는 시간을 매일 조금씩 앞당기도록 수면계
획을 세워 점진적으로 실천하는 것이 도움이 된다. 둘째 유형
은 조기 수면단계형advanced sleep phase type으로 수면-각성 주기
가 사회적으로 요구되는 것보다 앞서 있는 경우다. 초저녁에
잠이 들고 새벽에 일찍 깨서 다시 잠들지 못하는데, 흔히 노인
에게 많이 나타난다. 저녁 6~8시에 잠들고 새벽 1~3시쯤 깨
서 다시 못 잔다. 셋째 유형은 교대 근무형shift work type으로 직

장의 야간근무가 너무 잦아 수면각성주기가 일관성이 없어서 생기는 경우다. 잠을 자야 할 시간에는 잠이 안 오고 일하기 위해 깨어 있어야 할 시간에 졸음이 온다. 야간 교대 근무자 중에 교대 근무형 수면-각성 주기 장애를 보이는 비율이 약 60%라는 보고가 있다. 넷째는 불규칙한 수면-각성형irregular sleep-wake type으로 수면-각성 주기가 일정하지 못해서 하루에도 여러 번 낮잠을 자고 밤에 숙면을 취하지 못하는 경우다. 하지만 하루 동안의 총 수면시간은 정상적이다. 다섯째 유형은 비24시간 수면-각성형non-24-hours sleep-wake type으로 수면-각성 주기가 24시간 환경과 일치하지 않아서 잠들고 깨는 시간이 매일 지속적으로 늦어지는 경우다. 이 경우는 외부의 빛이나 어둠 주기와 상관없는 수면-각성 주기를 갖는데 맹인에게서 흔히 나타난다.

일주기 리듬 수면-각성 장애 치료를 위해 광 노출 치료가 활용되기도 한다. 광 노출 치료는 2~3일간 7,000~12,000lux의 밝은 빛에 환자를 노출시킴으로써 수면-각성 주기에 변화를 주는 치료다. 노출 시간을 아침으로 정하면 수면-각성 주기를 앞당기는 효과를 얻을 수 있으며 밤에 노출시키면 수면-각성 주기가 뒤로 미루어지는 효과를 얻을 수 있다.

5) 수면이상증

수면이상증Parasomnias은 수면 상태에서 일어나는 비정상적인 행동이나 경험을 일컫는다. 이로 인해 밤에 숙면을 취하지 못해 낮에 과도하게 졸리고 피곤함을 경험해서 일상생활에 지장을 받을 수 있다. 수면이상증에는 비REM 수면-각성 장애, 악몽장애, REM 수면행동장애 등이 있다.

(1) 비REM 수면-각성 장애

비REM 수면-각성 장애Non-Rapid Eye Movement Sleep Arousal Disorder는 수면시간의 첫 1/3기간에 불완전하게 깨어나는 경험을 반복적으로 하는 것이다. 이는 수면중 보행형sleepwalking type과 수면중 경악형sleep terror type으로 다시 구분되는데, 어떤 경우든 수면 중 보행이나 경악 반응 경험을 기억하지 못한다.

수면중 보행형은 흔히 몽유병이라 불리는 것으로, 수면 중에 잠자리에서 일어나 걸어 다니는 일이 반복된다. 이때 개인은 멍한 표정으로, 말을 걸어도 반응을 보이지 않으며 깨우기가 어렵다. 침대에 앉거나 주위를 둘러보는 정도의 간단한 행동을 보이는 경우가 있는가 하면, 방을 나가서 집안을 돌아다니거나 집 밖으로 나가는 복잡한 행동을 보이는 경우도 있다. 대부분 30분 이내에 끝나며, 다음 날에 다른 곳에서 깨거나 밤에 돌아다닌 흔적이 있지만 거의 기억하지 못한다.

아동의 10~30%가 적어도 한 번 이상 수면 중 보행 행동을 보인다. 대개 4~8세 사이에 처음 보이며 12세 무렵에 가장 높은 빈도로 나타난다. 아동기 동안의 수면 중 보행 행동은 대개 초기 청소년기가 되면 자연스럽게 사라진다. 수면 중 보행 행동은 신체적 및 정서적 스트레스 직후에 발생하는 경향이 있으며, 적개심이나 분노 같은 감정을 잘 표현하지 못하는 사람에게 흔히 나타난다. 잠자는 동안 위험한 행동으로 인해 다칠 수 있기 때문에 창문과 문을 잠가두는 것이 좋고, 만약 수면 중 보행 행동을 하는 것이 발견되면 깨우지 말고 다시 잠자리로 돌아가도록 유도하는 것이 좋다.

수면중 경악형은 흔히 야경증night terror이라고도 하는 것으로, 공포에 질린 비명을 지르며 잠을 깨는 일이 반복된다. 이는 입면 후 한두 시간 이내에 많이 발생하고, 3, 4수면 단계에서 주로 경험된다. 이때 심한 공포를 느끼며, 자율신경계 항진 증상들을 보여 심장박동이 극도로 증가하고 땀을 많이 흘리며, 숨을 급하게 몰아쉰다. 또한 잠에서 깬 직후에 쉽게 정신을 차리지 못하고 혼돈 상태에 있는 경우가 많다. 아침에 일어나서도 막연하게 무서운 일이 있었다는 것만 기억할 뿐 꿈의 내용은 구체적으로 기억하지 못한다. 이 점이 꿈 내용을 세세하게 기억하는 악몽장애와 다르다. 주로 소아에게서 많이 나타나는데, 소아의 1~6% 정도가 이 장애를 보이며, 여아보다 남아에게서 더 흔히 나타난다.

수면 중 경악 상태에서 사람들은 비명을 지르거나 울면서 갑자기 침대에서 일어나 앉으며 매우 놀란 표정으로 불안해한다. 다른 사람이 깨우거나 진정시키려 해도 반응을 보이지 않으며 멍한 상태로 있다. 깨어나도 잠시 혼란 상태로 있고 꿈은 기억하지 못하면서 막연한 두려움을 호소한다.

이 장애를 보이는 환자는 가족 중에 수면 중 경악 반응이나 수면 중 보행 행동을 보이는 사람이 있을 가능성이 높으며, 직계 가족 중에 이 장애를 보이는 사람이 있으면 그 유병률이 10배라는 보고가 있다. 수면 중 경악 반응을 보이는 환자는 공포증, 우울증, 불안장애 같은 정신질환을 함께 보이는 경향이 있으며, 이 장애를 보이는 사람의 85%가 정신질환자로 진단받을 수 있다는 보고가 있다. 이 장애가 청소년기까지 지속되면 심리치료를 통해서 심리적 원인을 찾아 해결하는 것이 필요하며, 때로는 항불안제나 항우울제가 도움이 될 수 있다.

(2) 악몽장애

악몽장애는 무서운 꿈으로 인해서 자주 깨는 것이 주요 특징이며, REM 수면이 많아지는 수면 후반부에 많이 발생한다. 대개는 꿈의 내용을 생생히 기억하고, 스트레스가 심할 때 더 빈번히 악몽을 경험한다. 악몽의 내용은 대부분 신체적인 위협과 관련된 것이다.

악몽장애로 인해 사회적 및 직업적 어려움이 초래되는 일이 흔하지는 않지만 악몽을 다시 꾸는 것에 대한 두려움으로 잠을 제대로 자지 못하면 낮 동안 과도한 졸음, 집중력 저하, 우울, 불안 등을 보일 수 있다.

3~5세 아동의 10~50%가 심각한 악몽을 경험하며, 성인의 50% 정도가 일시적인 악몽을 경험한다는 보고가 있다. 여성이 남성보다 악몽을 더 자주 보고하는데, 남녀 비율은 2:1 내지 4:1 정도를 보인다. 악몽은 3~6세 사이에 흔히 시작되며 대부분의 아동은 정상적으로 성장한다. 아동기에 경험하는 악몽은 흔한 일이기 때문에 치료가 필요할 정도로 심각한 고통이나 장해가 없다면 악몽장애 진단을 내리지는 않는다.

악몽장애는 심각한 심리사회적 스트레스에 노출된 사람에게서 나타나기 쉽다. 전쟁 경험이나 충격적인 외상 경험 후에 악몽장애를 보이는 경향이 있다. 악몽장애가 있는 사람은 우울과 불안 증상을 함께 나타내는 경우가 많다.

(3) REM 수면행동장애

REM 수면행동장애Rapid Eye Movement Sleep Behavior Disorder 환자는 수면 중에 소리를 지르거나 옆 사람을 다치게 할 수 있는 복잡한 동작을 반복적으로 보이며 깨는 증상을 주로 보인다. 수면 중에 격렬하게 움직이다가 옆에서 자는 사람을 다치게도 하는데, 이런 행동은 REM 수면 단계에서 나타나며 수면 후반부에 더 흔히 나타난다.

꿈을 꾸면서 꿈에서처럼 행동하는데, 소리 지르고 발로 차고 주먹을 휘두르고 침대에서 뛰어내리는 등의 행동을 보이며, 때로는 이런 과격한 행동으로 다치기도 한다. 이런 행동은 일반적으로 일주일에 한 번 정도 나타나지만 며칠 연속해서 나타나기도 한다.

이 장애는 50대 이상의 남성에게서 많이 나타난다. 정상인의 경우, REM 수면 단계에서는 전신근육이 이완되어 있어 꿈속에서 몸을 움직이더라도 실제로는 행동하는 것이 어렵다. 하지만 REM 수면행동장애 환자는 뇌간의 노화나 뇌의 퇴행성 질환으로 인해 수면 중에도 전신근육의 긴장도가 유지되고 있어 깨어 있을 때처럼 팔다리를 움직일 수 있다. 이 장애는 심한 스트레스 사건을 경험하고 나서 발생하는 경우가 많다. REM 수면행동장애는 많은 경우 REM 수면 억제제를 비롯한 약물치료를 통해서 효과적으로 치료할 수 있는 것으로 알려져 있다.

6) 초조성 다리 증후군

하지불안 증후군이라고도 하는 초조성 다리 증후군Restless Legs Syndrome 환자는 수면 중에 다리가 아프지는 않지만 설명하기 어려운 심한 불편감을 느껴 다리를 움직이게 되는데, 그로 인해 잠을 자주 깬다. 이런 증상으로 잠을 제대로 못 자는 일이 지속되면 낮 동안의 기능에 지장을 초래할 수 있다.

유병률은 2~7% 정도이며, 40대 이상의 중년에게서 많이 보인다. 주의력결핍 및 과잉행동장애 환자의 44%가 초조성 다리 증후군을 보인다는 보고가 있다. 이 장애는 수면의 양과 질을 저하시키기 때문에 불면증을 유발할 수 있으며, 우울장애나 불안장애와의 공병률이 높은 것으로 알려져 있다.

초조성 다리 증후군의 원인은 밤 동안의 도파민 수준의 저하나 철분 부족 같은 생의학적인 관점에서 주로 논의되고 있다. 도파민의 전구물질이나 철분을 투여했을 때 증상이 호전되는 것으로 알려져 있다.

7) 물질/약물 유도성 수면장애

수면장애를 가장 많이 유발하는 약물은 중추신경계 자극제로 암페타민, 코카인, 카페인 등을 들 수 있다. 이 경우에 초기에는 불면증이 나타나지만 약물에 대한 내성이 생기고 금단 증상이 생길 때에는 과수면증이 나타날 수 있다.

수면제를 장기 복용하면 약에 대한 내성이 점차 증가해서 약의 효과가 점차 떨어진다. 그러면 다시 불면증이 악화되고 환자는 약의 용량을 다시 늘리게 된다. 더 이상 약효가 없어서 약을 갑자기 끊으면 이전보다 더 심한 불면증을 경험하게 된다. 결국 수면제의 만성적인 복용은 불면증을 더 악화시키며 약물에 대한 의존성도 증가시키게 된다.

술은 잠을 처음 들게 하는 데는 도움이 되지만 수면을 지속적으로 유지시키는 데는 어려움이 있어서, 수면 중에 자주 깨고 아침에 일찍 눈을 뜨게 하는 등 전체적으로는 수면의 효율성은 떨어뜨리고 낮에 심하게 졸리게 한다.

그 외 불면증을 유발할 수 있는 약물로는 항암제, 항고혈압제, 자율신경계 약물, 항경련제, MAO억제제, 스테로이드, 피임제, 갑상선 치료제 등이 있다. 담배에 포함되어 있는 니코틴은 각성제의 일종이며 이로 인해서 불면증이 올 수도 있다. ◆

참고문헌

권석만(2013). 현대 이상심리학(2판). 서울: 학지사.

유한평(1974). 불면증 해소법. 서울: 삼신서적.

이정균(1994). 정신의학. 서울: 일조각.

이현수(1996). 단잠이 건강을 낳는다. 서울: 학지사.

현대건강연구회(1991). 불면증 치료법. 서울: 진설당.

American Academy of Sleep Medicine. (2014). *International Classification of Sleep Disorders* (3th ed.). Darien, Il, USA.

American Psychiatric Association. (2013). *Diagnostic and Statistical Manual of Mental Disorders* (5th ed.). Washington, DC: Author.

Bootzin, R. R. (1972). Stimulus control treatment for insomnia. *Proceedings of the 80th Annual Convention of the American Psychological association, 7*, 395-396.

Coren, S. (1997). *Sleep Thieves.* FreePress (안인희 역. 《잠도둑들》. 서울: 황금가지, 1997)

Jacobson, E. (1962). *You must relax.* (이현수 역. 《제이콥슨 박사의 긴장이완법》. 서울: 학지사, 1995)

Kales, A., & Kales, J. D. (1984). *Evaluation and treatment of insomnia.* Oxford.

Kaplan, H. I., Sandock, B. J., & Grebb, J. A. (1994). *Synopsis of psychiatry.* Williams and Wilkins.

Mansfield, R. (Ed.). (2014). *Insomnia: Types, Causes, and Management.* High Quality Wikipedia Articles.

Miller, C. B., Espie, C. A., & Kyle, S. D. (2014). Cognitive behavioral therapy for the management of poor sleep in insomnia disorder. *Chronophysiology and Therapy, 4,* 99–107.

Morin, C. M. (1993). *Insomnia: Psychological assessment and management.* Guilford Press.

Morin, C. M., & Silberman, S. A. (2009). *The Insomnia Workbook.* New Harbinger Pubns Inc. (김무경 역. 《불면증은 불치병이 아니다》. 서울: 학지사, 2014)

Morin, C. M., Vallieres, A., Guay, B. et al. (2009). Cognitive behavior therapy, single and combined with medication, for persistent insomnia a randomized controlled trial. *JAMA, 301* (19), 2005–2015.

Perlis, M. L., Jungquist, C., Smith, M. T., & Posner, D. (2005). *Cognitive Behavioral Treatment Of Insomnia.* SpringerVerlag. (김지현, 서수연, 윤창호 공역. 《불면증을 위한 인지행동치료 세션별 가이드》. 서울: 군자출판사, 2013)

Spielman, A. J., Saskin, P., & Thorpy, M. J. (1987). Treatment of chronic insomnia by restriction of time in bed. *Sleep, 10* (1), 45–56.

Thorpy (1990). *Hand book of sleep disorder.* Marcel Dekker.

Williams, R., Karacan, I., & Moore, C. A. (1988). *Sleep disorder: diagnosis and treatment.* John Wiley & Sons, Inc.

찾아보기

◎ 저자 소개

서수균(Seo Sugyun)
서울대학교 심리학과를 졸업하였으며, 동 대학원에서 임상심리학 전공으로 석사학위와 박사학위를 받았다. 서울대학교병원에서 임상심리사 수련과정을 마쳤고, 서울대학교 대학생활문화원에서 전임상담원으로 근무하였다. 임상심리전문가, 정신보건임상심리사(1급), 상담심리전문가 자격증이 있으며, 현재 부산대학교 심리학과 교수로 재직 중이다. 주요 저 · 역서로는 『분노와 관련된 인지적 요인과 그 치료적 함의』 『제이콥 모레노』(역), 『심리도식치료』(공역), 『합리적 정서행동치료』(공역), 『인지치료의 대인관계 과정』(역) 등이 있다.

ABNORMAL PSYCHOLOGY 14

불면증 잠 못 이루는 밤의 불청객
Insomina

2016년 3월 30일 2판 1쇄 발행
2021년 3월 25일 2판 2쇄 발행

지은이 • 서수균
펴낸이 • 김진환
펴낸곳 • (주) **학지사**

　　　　04031 서울특별시 마포구 양화로 15길 20 마인드월드빌딩
대표전화 • 02)330-5114　　　팩스 • 02)324-2345
등록번호 • 제313-2006-000265호

홈페이지 • http://www.hakjisa.co.kr
페이스북 • https://www.facebook.com/hakjisa

ISBN　978-89-997-1014-8　94180
　　　　978-89-997-1000-1(set)

정가 9,500원

이 도서의 국립중앙도서관 출판시도서목록(CIP)은 서지정보유통지원시
스템 홈페이지(http://seoji.nl.go.kr)와 국가자료공동목록시스템
(http://www.nl.go.kr/kolisnet)에서 이용하실 수 있습니다.
(CIP제어번호: CIP2016005541)

출판 · 교육 · 미디어기업 **학지사**

간호보건의학출판 **학지사메디컬** www.hakjisamd.co.kr
심리검사연구소 **인싸이트** www.inpsyt.co.kr
학술논문서비스 **뉴논문** www.newnonmun.com
원격교육연수원 **카운피아** www.counpia.com